जन जन के कवि : तुलसीदास

जन जन के कवि तुलसीदास

योगेन्द्र प्रताप सिंह

वाणी प्रकाशन

वाणी प्रकाशन

4695, 21-ए, दरियागंज, नयी दिल्ली 110 002

शाखा

अशोक राजपथ, पटना 800 004

फ़ोनः +91 11 23273167 फ़ैक्सः +91 11 23275710

www.vaniprakashan.in
vaniprakashan@gmail.com

JAN JAN KE KAVI TULSIDAS
by Yogendra Pratap Singh

ISBN : 978-81-8143-983-3

Criticism

संस्करण 2009

आवृत्ति 2013

मूल्य : ₹ 250

न्यू कृष्णा ऑफ़सेट, दिल्ली-110 093 में मुद्रित

वाणी प्रकाशन का लोगो मक़बूल फ़िदा हुसेन की कूची से

सम्मान्य,
श्री राजाबहादुर सिंह जी
पूर्व मुख्य अभियन्ता, रेलवे,
इलाहाबाद को
आदरपूर्वक

भूमिका

शब्दों तथा अर्थों की सम्पृक्ति से रचा गया कविता का संसार विलक्षण है। कवि के अभिप्राय से सिद्ध यह काव्य-संसार विवेचन में कभी समाप्त नहीं होता। भावना की क्रोड में उपजी कविता की अन्तिम व्याख्या सम्भव नहीं है और वह किसी काव्य के बन्धन में भी नहीं बाँधी जा सकती। कविता की कालजयता का अर्थ भी यह है कि वाणी तथा अर्थ की संपृक्ति की कोई अन्तिम व्याख्या नहीं है, फिर भी, जितनी और जहाँ तक व्याख्याएँ की जाती हैं, उसके प्रति किसी के मन में अस्वीकृति का भाव भी नहीं उत्पन्न होता। गोस्वामी तुलसीदास की कृतियों का सन्दर्भ कुछ ऐसा ही है और परम्परा की श्रेष्ठ, कालजयी कृतियाँ भी इसी क्रम में देखी जा सकती हैं। सृजनधर्मी तत्त्वों के साथ कविता का पाठ स्वयं में अर्थ की विलक्षणता उत्पन्न करता चलता है और सच पूछें तो इसका उत्तर भी यही है कि कृति के अर्थ की रहस्यमता पाठ के आवरण में छिपी रहती है। तुलसी की सर्वाधिक महत्त्वपूर्ण कृति श्रीरामचरितमानस पाठ की जिन सतहों का निर्माण करता हुआ विविध अर्थों की तरंगमयता का चित्त को बोध कराता है, उनकी जितनी भी व्याख्याएँ की जाएँ, थोड़ी हैं। आज भी, श्रीरामचरितमानस का पाठ जितना स्पष्ट तथा साफ दिखाई पड़ता है, उतना ही वह रहस्यमय बना हुआ है—और जैसा कि कहा जा चुका है, भाव की निर्मिति की ज्ञानात्मक व्याख्याएँ सदैव अधूरी ही रहती हैं।

आज का युग भौतिक आपाधापी का एक विचित्र उदाहरण बनता जा रहा है। शक्ति की मदान्धता, आर्थिक बाजारवाद का अत्यधिक तेजी से प्रचार-प्रसार, प्रकृति की रहस्यमयता का विज्ञान द्वारा विखंडन, वैचारिक साम्राज्यवाद का अन्दर-ही-अन्दर विस्तार तथा भोग एवं भौतिक साधनों के संचय के प्रति लोलुपता के बीच मानव जीवन के सन्तुलन का भी लोप होता जा रहा है। व्यक्ति और समाज के बीच अलगाव तथा व्यक्तिवादी निष्ठा की बढ़ोत्तरी से आक्रान्त व्यक्ति को स्वयं अपना ही सब कुछ दिखाई पड़ रहा है। अजीब सी विसंगति सम्पूर्ण समाज रचना को तोड़ रही है।

भारत एक प्राचीनतम देश है। उसके समानान्तर स्थित देशों की हस्तियाँ समाप्त हो चुकी हैं और उनके सांस्कृतिक तथा वैचारिक सन्दर्भ आज इतिहास के रूप में जाने जाते हैं। ठीक इनके विपरीत, भारत आज हजारों-हजारों वर्षों की स्थायी आध्यात्मिक थाती सम्हाले जीवित ही नहीं, विश्व जातियों के बीच अपनी तरह का मानक बना हुआ है। उदाहरण के लिए 'यज्ञ' संस्कृति ऋग्वेद परम्परा से चलती हुई आज भी हमें स्वीकार्य है। योग ध्यान संस्कृति अरण्यकाल से चलती हुई आज विश्व की चहेती बनी हुई है। भारत उस समय अपने पूर्व विकास के शीर्ष पर था, जबकि पश्चिम के देश ब्रिटेन,

फ्रांस, यूगोस्लाविया, जर्मनी आदि अपनी आँखें खोल रहे थे। 15वीं शती में अमेरिका की सभ्यता के विकास का इतिहास प्रारम्भ हुआ। हाँ, यूनान, मिश्र आदि देश अवश्य थे, किन्तु आज उनकी पुरानी गौरव गाथा इतिहास की कथा बन चुकी है।

हम भारतीयों की पहचान सम्पत्ति से नहीं, सम्पत्ति के त्याग से की जाती है। भारतीय भोग से नहीं, भोग की निष्कृति से पहचाने जाते हैं–भारत आध्यत्मिकता से मंडित आस्थावादी देश रहा है–जिसकी मुख्य विशेषता रही है–मनुष्य ही नहीं, समस्त प्राणिमात्र के अस्तित्व की बुनियाद कैसे सुरभित रहे, एक व्यक्ति के विनष्ट हो जाने पर भी समाज के हित की चिन्ता यहाँ सर्वप्रथम मानी जाती रही है। अहिंसा, अस्तेय, अपरिग्रह, दान, दया प्रेम-सौहार्द्र आदि गुण जिनके द्वारा सम्पूर्ण प्राणिजाति के हितों की रक्षा हो, उनको हम बराबर प्राथमिकता देते रहे हैं। व्यक्ति समाज की रक्षा के लिए प्रतिबद्ध है। वह अपने सर्वस्व त्याग द्वारा सामाजिकता की रक्षा के प्रति कटिबद्ध मिलता है जबकि पश्चिम की उद्योगवादी संस्कृति आज भोगवाद एवं बाजारवाद के माध्यम द्वारा जिस अर्थार्जन की ओर जा रही है यह, उसका अन्तिम विकास-विनाश एवं पतन है। हमारी कालजयी कृतियाँ–वाल्मीकि रामायण, महाभारत, बुद्धचरित, श्रीरामचरितमानस तथा कामायनी आज हम भारतीयों को ही नहीं–उन पश्चिमी भोगवादी, सम्पत्ति एवं शक्ति संचयवादी जनमानस को आगाह करती हैं कि इस सृष्टि के जीवित प्राणियों से श्रेष्ठ कुछ भी नहीं है, मनुष्य जाति सर्वोपरि है–और उन सबकी रक्षा करना हम सबका प्रथम दायित्व है। भारतीय संस्कृति ने अपनी ऊर्जा द्वारा इस तत्त्व की सुरक्षा के जो उपाय निर्दिष्ट किए हैं। श्रीरामचरितमानस में तुलसी उन्हें अपनी कविता का विषय बनाकर हमारे मानस में स्थापित करते हैं। मेरी इस पुस्तक का मन्तव्य तुलसी की प्रमुख कृतियों में निहित उन्हीं भारतीय सन्दर्भों की व्याख्या करना है, जिनके कारण मानव जाति की आत्यन्तिक सुरक्षा हो सके। जो कुछ कहा गया है, वह अन्तिम नहीं है, किन्तु तुलसी का अध्ययन करते समय यह एहसास होता है कि उनकी चिन्ता समाज के आत्यन्तिक हितों के लिए रही है। आज उनका सन्दर्भ प्राय: ऐसा ही है–तुलसी की कथा, उनके कथानायक, कथा तथा कथानायक से जुड़े मूल्यों के विषय में 'इदमित्थं कहि जाइ न सोई' अर्थात्, बस इतना ही है, यह नहीं कहा जा सकता फिर भी, इस सन्दर्भ में जो कुछ भी सामान्यत: सोचा-समझा गया है, वह पुस्तक के रूप में आपके सामने है।

आशा है, हम आज के समाज में इस पुस्तक द्वारा उठाई गई भारतीय संस्कृति की महनीयता की पुन: तलाश करने की चेष्टा करेंगे।

योगेन्द्र प्रताप सिंह

सम्पर्क-सूत्र :
15/6 स्टैनली रोड, सिविल लाइन्स
इलाहाबाद-1

क्वार, शुक्ल पक्ष
विजय दशमी
21-10-2007

विषय सूची

1.

तुलसी का युग और लोक संकट

गोस्वामी तुलसीदास जी का जीवन काल संवत् 1569 से लेकर 1680 के बीच रहा है। यह कालखंड ऐतिहासिक दृष्टि से मुगल शासक अकबर और जहाँगीर के शासन के बीच का ठहरता है। यद्यपि अकबर एवं जहाँगीर के शासनकाल को मध्यकालीन इतिहास में भारतीय संस्कृति, समृद्धि एवं कला की दृष्टि से समुन्नत कालखंड कहा जाता है, किन्तु श्रीरामचरितमानस, कवितावली, विनय-पत्रिका तथा दोहावली के साक्ष्य के आधार पर सामान्य जनजीवन के लिए यह एक निकृष्टतम एवं गम्भीर संकटग्रस्त कालखण्ड माना जा सकता है। साहित्य केवल प्रातीतिक सत्य के लिए ही इतिहास की सामग्री नहीं बनता अपितु आवेश तथा आवेग की मन:दशा में कवि अपने से जुड़े जिस यथार्थ का कभी-कभी वर्णन कर देता है, वह पुरातत्त्व एवं ऐतिहासिक दस्तावेजों के साक्ष्य का कार्य करने लगता है। तुलसी की कृतियों में अपने युग के ऐतिहासिक दस्तावेजों के साक्ष्य के दृष्टान्त पर्याप्त मात्रा में देखे जा सकते हैं। कई अंग्रेज लेखकों तथा आइने-अकबरी के द्वारा प्रस्तुत साक्ष्यों में इस बात का उल्लेख है कि 'मुगल काल' को स्वर्णयुग के नाम से पुकारा जाना चाहिए किन्तु तुलसीदास श्रीरामचरितमानस में इस राज्य के प्रकरण में कहते हैं—

नृप पाप परायन धर्म नहीं।
करि दंड विडम्ब प्रजा नितहीं॥

मुगल शासकों पर उनकी टिप्पणी है—

गोंड गँवार नृपाल महि जवन महा महिपाल।
साम न दाम न भेद रुचि केवल दंड कराल॥

केवल वर्गभेद उत्पन्न करने में रुचि रखने वाले तथा साम, दाम एवं भेदनीति के स्थान पर ये यवन महामहिपाल (अकबर तथा जहाँगीर जैसे) केवल भयंकर दण्ड (दंड कराल) की प्रजानीति में विश्वास रखते हैं।

मुगल साम्राज्य के प्रशंसक उनकी शासन व्यवस्था की जितनी चिकनी-चुपड़ी बातें करें किन्तु भारतीय परम्परा के पतन से सिकुड़े एवं विदेशी

आक्रान्ताओं के द्वारा दबाए गए भारतीयों का आत्मबोध यहाँ जैसे समाप्त हो उठा हो। अपने युग का सामाजिक ढाँचा तथा राजन्य वर्ग की कुटिलता को इंगित करते हुए तुलसीदास कितने ही स्पष्ट शब्दों में कहते हैं–

बेद पुरान बिहाइ सुपंथ कुमारग कोटि कुचाल चली है।
काल कराल नृपाल कृपाल न राज समाज बड़ोई छली है।
वर्न विभाग न आश्रम धर्म दुनी दुष दोष दरिद्र दली है॥

जितनी भयंकर काल की करालता है, उस सापेक्ष्य में राजन्य वर्ग की कृपापात्रता प्रजा को नहीं मिल रही है–वरन् राज परिवार तो प्रजा की, छल द्वारा, सम्पत्ति का अर्जन कर रहा है।

एक अन्य स्थल पर राजाओं के विषय में टिप्पणी करते हुए वे कहते हैं कि–

देव न दयाल महिपाल न कृपाल चित
बारानसी बाढ़ति अनीति नित नई है।

वाराणसी की अनीति मुगलकालीन शासन की है। जौनपुर तथा वाराणसी सूबे बराबर मुगलों के अधीनस्थ रहे। वे वाराणसी की स्थिति को अंकित करते हुए एक स्थल पर पुनः कहते हैं–

वेद धर्म दूरि गये भूमि चोर भूप भये
साधु सीद्यमान जानि रीति पाप पीन की।

मुगल शासन व्यवस्था के जिम्मेदार बनारस के सूबेदारों को प्रजा की हितैषिता से कोई विशेष मतलब नहीं था। छोटे-छोटे राजागण अपने खसरे-खतौनियों द्वारा प्रजा की भूमि हड़प रहे थे और तुलसी इन्हें 'भूमिचोर भूप' की संज्ञा देते हैं।

तुलसी ने बनारस के सामाजिक अन्याय तथा यथार्थ का बड़ा ही मार्मिक दृश्य खींचा है। जहाँगीर काल में बनारस डकैतों तथा चोरों का अड्डा बन चुका था। तुलसी की टिप्पणी देखें–

बासर ढासनि की ढका रजनी चहुँदिसि चोर।
संकर निज पुर राखिये चितै सुलोचन कोर॥

दोहावली के इस दोहे का तात्पर्य है–

"दिन मैं डकैतों (ढासनि) की लूटपाट (ढका) तथा राहजनी और रात्रि में चारों ओर चोरी (बनारस के सूबेदार इस पर नियंत्रण नहीं रख सकते), हे शिव! अपनी काशीपुरी की रक्षा अपने कृपा पूर्ण नेत्रों की कोर से देखकर आप स्वयं करें।"

सांस्कृतिक पतन की चर्चा तो अभी बाद में की जाएगी—भारत में अखण्ड राज्य का भोक्ता मुग़ल शासक इस आन्तरिक अनीति और सांस्कृतिक नगरों की सुरक्षा का उपाय नहीं कर सकता था—आश्चर्य की बात है? तुलसी का इस संदर्भ में व्यंग्य देखें—

श्रुति द्विज बेचक भूप प्रजासन। कोउ नहिं मान निगम अनुसासन।

ब्राह्मण श्रुति बेचकर जीविका चला रहे हैं और राजन्य वर्ग—वह तो प्रजा को धीरे-धीरे आनन्दपूर्वक खा रहा है—प्रजा ही उनका भोजन है। तुलसी के लिए यह कितने कष्ट की बात है कि—

"पाहरुइ चोर हेरि हिये हहरात है।"

समाज के रक्षक पहरुए ही अब चोर बन बैठे हैं, जिन्हें प्रजा की रक्षा करनी चाहिए थी, वही प्रजा की सम्पत्ति लूट रहे हैं, प्रजा की रक्षा करने के नाम पर। यह किस **स्वर्ण युग** की विशेषता है, समझ में बात नहीं आती।

तुलसीदास स्पष्ट रूप से टिप्पणी देते हैं कि समाज का रक्षक जहाँ स्वामी कहा जाता है, वह आज प्रजा की ओर से विमुख एवं उसकी तरफ पीठ किए हुए उदासीन है। अकबर का युग ऐश्वर्य एवं भोग का स्वर्णकाल हो सकता है, प्रजा पीड़ा के निवारण से उसका सम्बन्ध कम है—

ऊँचे-नीचे बीच के धनिक रंक राजाराय
हठनि बनाय करि दीठि पीठि दई है।

तुलसी अपने युग का आर्थिक विभाजन तीन रूपों में करते हैं—(1) धन सम्पत्ति की श्रेष्ठता की दृष्टि से उच्च वर्ग, (2) धन सम्पत्ति की सामान्य सुलभता की दृष्टि से मध्यम वर्ग (3) धन सम्पत्ति की हीनता की दृष्टि से निम्नवर्ग (दलित वर्ग)। प्रथम वर्ग के अन्तर्गत राजन्य वर्ग है, द्वितीय वर्ग के अन्तर्गत धनी वर्णिक वर्ग आदि एवं तीसरा वर्ग है, रंक अर्थात् धनहीन भिखमंगे याचकों जैसा जीवन जीने वालों का। प्रथम एवं द्वितीय वर्ग इस तीसरे वर्ग की ओर आँखों से भी नहीं देखता, दृष्टि की जगह पीठ कर लेता है। वह प्रजा की पीड़ा को समझ रहा है, देख भी रहा है किन्तु कहीं उसे दूरे करने में लगना न पड़े, (इसलिए) वह उसकी तरफ से पीठ घुमाए हुए है।

गोस्वामी तुलसीदास जी ने राजा, धनिक एवं दु:खी प्रजा के बीच एक अन्य वर्ग की भी स्थिति स्वीकार की है, वह है, लुटेरा वर्ग। शासक वर्ग भी इस लुटेरे वर्ग से जुड़ा हुआ है। तुलसी के अनुसार यही लुटेरा वर्ग ही राक्षस है। 'रावण' परपत्नी एवं सम्पत्ति का लुटेरा था, उस युग के विदेशी शासक दूसरी की सम्पत्ति तथा नारियों के लुटेरे थे। ये सब तुलसी के अनुसार राक्षस हैं—

जाके ये आचरन भवानी। ते जानहु निसिचर सम प्रानी।

लुटेरे राक्षस हर युग में हैं। तुलसी के काव्य में राक्षस एक प्रतीक शब्द है। सम्पूर्ण रामकथा इस प्रकार प्रतीक कथा है—श्रेष्ठ प्रजा रक्षक राजा द्वारा राक्षस राज्य विनाश का।

साम सांति सुभ रीति गई घटि बढ़ी कुरीति कपट कलई है।
सीदति साधु साधुता सोचति खल विलसति हुलसति—खलई है।

साधुता काँप रही है, सोचग्रस्त है और खलता आनन्द कर रही है। खल-विलास बढ़ गया है—यही राक्षस राज्य की पहचान है। रावण चारों ओर से विजय करके जब लंका का राज्य स्थापित करता है, तो उसकी ओर दृष्टि डालें—

भुजबल बिस्व बस्य करि राखेसि कोउ न सुतंत्र।
मंडलीक मनि रावन राज करइ निज तंत्र॥
देव जच्छ गंधर्व नर किन्नर नाग कुमारि।
जीति बरी निज बाहु बल बहु सुंदरि बर नारि॥
बरनि न जाइ अनीति घोर निसाचर जो करहिं।
हिंसा पर अति प्रीति तिन्ह के पापहिं कौन मिति॥

तुलसी ने राक्षस की कल्पना शरीर रचना एव वेषभूषा से नहीं की है। उनके राक्षस का आधार है, राक्षस कर्म—

जाके ये आचरन भवानी। ते जानहु निसिचर सम प्रानी॥

तुलसी जैसे अपने युगीन किसी आतंकी एवं क्रूरकर्मा सम्राट को राक्षस के साथ जोड़ने के लिए अप्रत्यक्ष आलम्बनत्व स्थापित कर रहे हों—जिसके अन्त:पुर में नारी का बाजार लगता हो, हिंसा तथा अनीति भरी बर्बरता जहाँ अपनी पराकाष्ठा पर हो, जहाँ शासक की वैयक्तिक इच्छा सर्वोपरि शासनतंत्र हों आदि-आदि। इस समाज के विरुद्ध हिन्दू समाज उठकर भी न उठने जैसा था।

राजन्य वर्ग की इस निरंकुशता के बीच प्रजावर्ग की क्या स्थिति थी, गोस्वामी तुलसीदास जी ने कवितावली, दोहावली तथा विनयपत्रिका में अनेक स्थानों पर इसका वर्णन किया है। भारतीय शासन व्यवस्था राजा तथा प्रजा के बीच स्थापित सौमनस्य का प्रतिफल है, किन्तु प्रजा की कष्टमयी स्थिति निश्चित ही उनके आपसी रिश्ते के बीच दरार पैदा करती है। तुलसी सामान्य व्यवस्था पर टिप्पणी देते हुए कहते हैं कि—

मात पिता बालकन्ह बोलावहिं। उदर भरै सो धर्म सिखावहिं॥
सब नर काम द्रोह रत क्रोधी। देव विप्र श्रुति संत विरोधी॥

धर्म के केन्द्र में अर्थार्जन एवं सामान्य जनबोध के बीच काम, द्रोह, क्रोध आदि के कारण देव, विप्र, सन्त एवं श्रुतियों का विरोध बढ़ रहा था। तुलसी ने अयोध्या एवं काशी जैसी सांस्कृतिक नगरी में कलिकाल के घटित होने की चर्चा मानस तथा कवितावली में की है। लम्पटता का ऐसा व्यापक वातावरण कि समग्र समाज क्षुब्ध हो चला था–

बाढ़े खल बहु चोर जुआरा। जे निरखहिं पर धन पर दारा॥
मानहिं मातु पिता नहिं देवा। साधुन्ह सन करवावहिं सेवा॥

अधम आसुरिक समाज की करालता का गोस्वामी तुलसीदास ने जो दृश्य मानस में खींचा है, वह केवल रावण राज पर ही आरोपित नहीं होता, उसका फैलाव उस युग में चारों ओर था।

प्रजावर्ग के सामने सबसे बड़ा संकट पुश्तैनी आजीविका का था। परम्परित व्यावसायिक जातियाँ अपने पेशों द्वारा आजीविका चलाती थीं किन्तु तुलसी ने बताया है कि परम्परित व्यावसायिक आजीविका के साधन भी उनके युग में क्षीण होने लगे थे–

खेती न किसान को भिखारी को न भीख बलि,
बनिक को बनिज न चाकर को चाकरी॥
जीविकाविहीन लोग सीद्यमान सोच बस
कहैं एक एकन सो कहाँ जाई का करी।
दारिद दसानन दवाई दुनी दीनबंधु।
दुरित दहन देखि तुलसी हहा करी॥

तुलसी ने यहाँ दरिद्रता को ही रावण माना है। इस दारिद्र्य रूपी रावण के वध के लिए किस राम को अवतरित कराया जाए, यह तुलसी जैसे सर्जक के समक्ष महत्त्वपूर्ण प्रश्न था। इस गम्भीर आर्थिक संकट का तुलसी युग अपनी ओर मुगलकालीन बादशाहों एवं बड़े-बड़े राजाओं को क्यों नहीं आकर्षित कर रहा था, यह स्वयं में आश्चर्य है। स्थिति ऐसी खराब थी कि–

देव न बरसहिं धरनी बये न जामहिं धान।

कर्म कौशल द्वारा आजीविका चलाने वाली प्रजा का संकट निश्चित ही बढ़ा हुआ था–

किसबी किसान कुल बधिक भिखारी भाँट
चाकर चपल नट चोर चार चेटकी।
पेट को पढ़त गुन गढ़त चढ़त गिरि
अटन गहन बन अहन अखेट की॥
ऊँचे नीचे करम धरम अधरम करि
पेट ही को पचत बेंचत बेटा बेट की।
तुलसी बुझाई एक राम घनस्याम ही ते
आगि बड़वागि ते बड़ी है आगि पेट की॥

समाज का वह वर्ग जो श्रम से जुड़ा था, वह श्रम कुशलता से अपनी आजीविका चलाता था किन्तु प्रयास करने पर भी उसकी पेट भरने की स्थिति नहीं रह चुकी थी।

मज़दूर (किसवी), कृषक समूह, कसाई, भिखारी, भाँट, नौकर (घरेलू), अपनी विद्या में चतुर चपल नट, चोर, हरकारे (चार), बाजीगर (चेटकी), अच्छे शिकारी, पर्वतारोही, पेट पालने के लिए पढ़ते-गुनते तथा गढ़ते (अभ्यास तथा कौशल उत्पन्न करते) दिन भर जंगलों में भटकते फिरते हैं। ऊँचे-नीचे कर्माचरण करते हुए, धर्म-अधर्म करके किसी तरह लोग पेट पाल रहे हैं और इससे भी पेट नहीं भरता तो बेटा-बेटी बेचकर उदर पूर्ति करते हैं।

तुलसी युग में आजीविका के स्रोत तथा उनका आलम्बन ग्रहण करके आजीविका चलाने वाला निम्नवर्गीय जन समुदाय का यह संकट किसी अच्छी राज्यव्यवस्था का प्रमाण नहीं हो सकता।

आजीविका के लिए अपने युग में सब तरह से निराश जनसमूह को तुलसी का एक ही सुझाव था–श्रीराम की शरण में जाओ। यह पेट की आग बढ़वाग्नि से भी बड़ी है और इसे श्रीराम घनश्याम ही बुझा सकते हैं, अन्य कोई इसके लिए आलम्बन नहीं है और इसके लिए वे अपने साक्ष्य देते हैं वे लोगों को समझाते हैं, मुझे देखो, ऐसे तुलसी को देखो–

मातु पिता जग जाइ तज्यौ विधिहूँ न लिखी कछु भाल भलाई।
नीच निरादर भाजन कादर कूकर टूकनि लागि ललाई॥
राम सुभाउ सुन्यो तुलसी प्रभु सो कह्यो बारक पेट खलाई॥
स्वारथ को परमाथ को रघुनाथ सो साहिब खोरि न लाई॥

रघुनाथ जैसे साहब की ओर एक ही बार मैंने अपना पेट खँगालकर दिखाया और तबसे मुझे पुनः कहने की आवश्यकता नहीं पड़ी और मेरे स्वामी साहब ने मुझे कहाँ पहुँचा दिया–

आपुहौं आपकौ नीकै कै जानत रावरे नाम भरायो गढ़ायौ।
कीर ज्यौं नाम रटै तुलसी सो कहै जग जानकी नाथ पढ़ायौ।
सोई है खेद सो बेद कहै न घटै जन जो रघुबीर बढ़ायो॥
हौं तो सदा खर के असवार तिहारे ही नाम गयंद चढ़ायौ।

मैं तो सदा पतित धोबी की भाँति गधे पर ही चढ़ने लायक था किन्तु हे स्वामी श्रीराम! तुम्हारे नाम ने मुझे हाथी पर चढ़ा दिया। तुलसी अपने जीवन में महन्त बने, तुलसी से तुलसीदास एवं फिर गोस्वामी तुलसीदास हुए। उनका गोस्वामी (महन्त) बनना श्रीराम के दो अक्षरों के उच्चारण का कृपाफल था।

तुलसी ने कवितावली के अन्तिम प्रसंगों में काशी का जो वर्णन किया है—उसमें राजा के चाटुकारों तथा उपयोगीजनों की व्यवस्थाओं का संकेत भरा पड़ा है। वे एक स्थल पर राजाओं की प्रकृति का उल्लेख करते हुए कहते हैं—

सेवा अनुरूप फलदेत भूप कूप ज्यों,
विहूने गुन पथिक पियासे जात पथ के।

आज के राजा कुएँ की भाँति हैं और प्रजा को उसके कार्य का फल उसकी सेवा के अनुसार देते हैं। यदि किसी पथिक के पास गुण (रस्सी और गुणज्ञता) नहीं है, तो राजा रूपी अन्धा कूप उसे प्यासा ही लौटा देता है।

राज दरबारों का यह आचरण तुलसी के युग का मान्य मापक था किन्तु राजाराम का दरबार इन सबसे भिन्न है—

और भूप परसि सुलाखि तौलि ताइ लेत।
लसम के खम तुहीं पै दसरथ्य के॥

लसम के खसम (निकम्मी भूखों मरने वाली प्रजा के स्वामी) श्रीराम ही हैं। वे अन्य राजाओं की भाँति गिनकर एवं तौलकर दान नहीं देते।

एक अन्य स्थल पर उस युग के राजाओं के स्वभाव की चर्चा करता हुआ कवि कहता है कि—

जाँचौ को नरेस देस देस को कलेस करै
देहैं तो है बड़ी बड़ाई बोड़ियै॥

राजा अपने दमड़ी जैसे दान की बड़ी प्रशंसा बोलकर देते हैं और देश-देश में घूमकर उनके दरबार में याचना अनिवार्य है किन्तु राम इन सबसे भिन्न हैं। गोस्वामी तुलसीदास जी ने सचेष्ट भाव से अपने युग की दरिद्रता का बड़ा ही द्रावक चित्र खींचा है। यह दरिद्रता निम्न वर्ग की है। उन्होंने स्थल-स्थल

पर आभिजात्य वर्ग की सम्पन्नता का भी यथार्थ भरा वर्णन किया है किन्तु उस युग के पीड़ित दरिद्र के प्रति उनके मन में अधिक मोह था। कवितावली में वे एक स्थान पर कहते हैं–

कृसगात ललात जो रोटिन के घर बात रहे खुरपी खरिया।
तुलसी दुख दूनो दसो दिसि देखि कियो मुख दारिद को करिया॥

घर में सम्पत्ति के नाम पर घास छीलने वाली एक खुरपी और घास भरकर ले जाने वाली खरिया (झोरी) बस इतनी ही सम्पत्ति है। भूख, अभाव, असुरक्षा, भय, आतंक, दरिद्रता से उत्पन्न संकट सामन्तकारी प्रतिघातों से उत्पन्न हैं। भारत जैसे इतिहास समृद्ध देश का वर्णन करते हुए तुलसीदास कहते हैं–

पातकदीन कुदारिददीन मलीन घरें कथरी करवा हैं।

पाप कर्म से दुबला, दरिद्रता से दीन मलीन बना यह निम्न वर्ग जिसके पास बिछाने के लिए केवल एक कथरी है और पानी पीने के लिए मात्र एक कुल्हड़। 'कथरी और कुल्हड़' की सम्पत्ति वाले दरिद्र वर्ग के प्रति किसी भी सामन्त एवं नरेश की दृष्टि क्यों घूमे–सम्राटों की तो बातें ही और हैं? तुलसीदास ने भी इसी वर्ग के बीच अपने जीवन का एक बहुत बड़ा भाग व्यतीत किया था और वे अपने और लोक यथार्थ को उसी कटुता के साथ रखते भी हैं, जिस कटुता के साथ उसे वे भोग रहे थे। प्रजावर्ग के पुश्तैनी साधन एवं कृषि कर्म उस युग में जनता की आजीविका के दो माध्यम थे। पुश्तैनी आजीविका के साधनों को निम्न वर्ग यदि छोड़ देता तो परिवार का उदर पोषण कैसे करता? राम–केवट संवाद में यह पीड़ा देखी जा सकती है–

'तुलसी अवलम्ब न और कछु लरिका केहिं भाँति जिआइहैं जू' 'मुक्ति की आकांक्षा' और 'परिवार का उदर पोषण' ये दोनों समस्याएँ साथ–साथ थीं। आर्थिक तंगी से वह नई नाव गढ़ा नहीं सकता था, जाति का केवट था, कहीं उसकी पूछ नहीं थी। जीविका के लिए नौका चालन ही विवशता थी– तुलसी प्रकारान्तर भाव से अपने समाज के निम्न वर्ग की आर्थिक पीड़ा भरा संकट बार–बार कहते हैं–

पात भरी सहरी सकल सुत बारे–बारे
केवट की जाति कछू वेद न पढाइहैं।
सब परिवार मेरे याही लगि राजा जू
दीन वित्तहीन कैसी दूसरी गढ़ाइहौं॥

यह कोसल प्रदेश का वर्णन है, पुरानी राजधानी अयोध्या का?

काशी की दशा तो और भी कष्टमयी थी। सामान्य जन के लिए भोजन का आश्रय नहीं था। शादी-व्याह के आयोजन, भोज, भंडारों पर लोगों की दृष्टि लगी रहती थी और उसमें वे अनाहूत, पेट दिखा-दिखाकर सम्मिलित होकर अपनी वुभुक्षा शान्त करते थे। काशी की 'अन्नपूर्णा देवी' की स्तुति करता हुआ कवि अपने युग की इस दशा का वर्णन करता है–

लालची ललात बिललात द्वार द्वार दीन
बदन मलीन मन मिटै न बिसूरना।
ताकत सराध कै विवाह कै उछाह कछु,
डोलैं लोग बूझत सबद बोल तूरना॥
प्यासे हू न पावै वारि भूखे न चनक चारि
चाहत अहारन पहार दारि घूरना॥

भूख से पीड़ित तथा लालयित द्वार-द्वार पर मलीन मुख निर्धन की भूखमरी, शोकग्रस्तता समाप्त नहीं होती। जन समूह उदरपूर्ति के लिए श्राद्ध कर्म, विवाह या किसी भंडारे के उत्सव की आशा में विकल होकर घूमता तथा उत्सवों पर बजाए जाने वाली ढोल, तुरही आदि के शब्दों को सुनकर पेटभर भोजन करने की आकांक्षा से प्रेरित एवं वाद्यों के शब्दों को सुनकर लोगों से जानकारी भी लेता रहता है।

प्यास लगने पर न कहीं पीने के लिए जल मिलता है, भूख लगने पर न चार चने ही पाता है।

आश्चर्य की बात है कि वह भूखा समाज भोज्य पदार्थों का ढेर लगा पहाड़, खाना चाहता है–किन्तु उसे घर पर बिखरी हुई दालें भी तो नहीं मिलती थीं।

तुलसी के युग के निचले वर्ग का यह यथार्थ था और सामान्य जनता के इस मौलिक संकट से मुक्ति दिलाने का प्रयास न कोई सामन्त करता है, न राजा, न सम्राट, न बनिये और न धनिक वर्ग।

गोस्वामी तुलसीदास अपने युग की इस यथार्थ भरी पीड़ा से मुक्ति दिलाने के लिए कर्मवाद का आश्रय न लेकर आस्थावाद का आश्रय लेते हैं। सामान्यजन की भूख, भौतिक आपत्तियाँ, संकट एवं सामयिक पीड़ा का हल श्रीराम के प्रति, शिव के प्रति, पार्वती के प्रति, अन्नपूर्णा के प्रति सर्वात्म समर्पण में ही है। श्रीराम तो हैं ही, उनमें सम्पूर्ण आस्था रखकर समर्पण से सारे संकट दूर हो उठेंगे किन्तु काशी के अन्य देवी-देवताओं के प्रति समर्पण को भी इसी श्रीराम के समर्पण के साथ उन्होंने जोड़ा है। सम्पूर्ण जन समाज

के बीच आस्था भरा पारम्परिक समन्वय स्वयं में एक शक्ति है। तुलसी ने श्रीराम के साथ इसीलिए हनुमान को, शिव को, गणेश को, पार्वती को, अन्नपूर्णा को, गंगा को, वरुणा को सबको एक साथ जोड़कर व्यापक आस्थावाद का एक मंच निर्मित किया। कर्म का तो कोई आधार रह ही नहीं गया था–श्रमिक वर्ग के लिए समाज में केवल दुत्कार एवं उपेक्षा मात्र अवशिष्ट थी।

भारतीयों को संकट से मुक्त करने का उनका यह आस्थावादी संकल्प निराश तथा पीड़ित मानस के लिए वरदान बना। वे मानस में दरिद्रता को उसके लिए सबसे बड़ा अभिशाप मानते थे–

''नहिं दरिद्र सम दुःख जग माहीं।''

इस दरिद्रता से मुक्ति के लिए उस युग के इस सन्त ने भारतीय संस्कृति प्रवाह की छिन्न व्यवस्था के बीच विचलित होकर टूट न जाने से भारतीय जनमानस के बचाव के लिए जो प्रयास किया है, उसे आस्थावाद के प्रति एकनिष्ठ समर्पण के नाम से ही पुकारा जा सकता है। उस युग में सामान्य जन एवं चिन्तक के पास इसके अतिरिक्त और कोई दूसरा मार्ग भी नहीं था–

विनिश्चितं वदामि ते न अन्यथा वचांसि मे।
हरिं नरा भजन्ति येऽतिदुस्तरं तरन्ति ते।

प्रभु के प्रति अनन्यभाव से समर्पित होकर स्वकर्म जगत का अवलम्बन ही तुलसी का लोक के लिए अभीष्ट मत है।

भौतिक दरिद्रता के अतिरिक्त तुलसी के युग का एक अन्य संकट है, नैतिक मूल्यों का सम्पूर्णतः अधः पतन। भारत की भौतिक सम्पन्नता तुलसी के युग तक तो नष्ट हो ही चुकी थी, नैतिक सम्पन्नता रूपी धर्म वृषभ के भी तीन पाँव टूट चुके थे। केवल दान शेष था–तुलसी निष्कर्ष निकालते हुए कहते हैं कि–**''येन केन बिधि दीन्हें दान करइ कल्यान।''** यह दान केवल सामाजिक समता की स्थापना के लिए था। तुलसी की दृष्टि में अव्यवस्था की शुरुआत असमता से होती है। गोस्वामी तुलसीदास स्वयं श्रीराम के मुख से नैतिक मूल्यों की पुनर्स्थापना की चर्चा करते हैं किन्तु उन समस्त नैतिक मूल्यों को वे श्रीराम से जोड़ देते हैं–

साधू सिद्ध विमुक्त उदासी। कवि कोविद कृतज्ञ सन्यासी॥
जोगी सूर सुतापस ग्यानी। धर्म निरत पंडित विग्यानी॥
तरहिं न बिनु सेये मम स्वामी। राम नमामि नमामि नमामी॥

गोस्वामी दुलसीदास के लिए कौन-सा ऐसा संकट था कि वे समस्त नैतिक मूल्यों को श्रीराम में समर्पित करके उसी में ही सार्थकता देखते हैं। क्या नैतिक मूल्य स्वयं में बल और शक्ति नहीं है?

गोस्वामी तुलसीदास नैतिक मूल्यों को समाज की संरक्षा का एक बहुत बड़ा आधार मानते हैं—किन्तु इन नैतिक मूल्यों की संरक्षा का उपाय क्या था? तुलसी के युग का राजनीतिक वातावरण इतना संकटदायी था कि अत्याचारी वर्ग के त्रास मात्र से सम्पूर्ण समाज त्राहि-त्राहि कर उठता था। इस भयंकर संत्रास के युग में नैतिक मूल्यों की स्थिरता का कहीं कोई न आदर्श था और न आधार। तुलसी इसीलिए इन सम्पूर्ण नैतिक मूल्यों को श्रीराम एवं उनकी भक्ति का आधार बनाते हैं।

तुलसी नैतिक सदाचरण को ही नहीं, भारतीय चिन्तन की ज्ञान परम्परा को भी श्रीराम में समर्पित करते हैं। तुलसी के युग में ग्रंथ, गुरुकुल एवं ज्ञानीजन—इन तीनों का अभाव था—इसके लिए भी तुलसी ने श्रीराम की अनन्य शरणागति को ही ज्ञान के लिए आश्रय तथा आलम्बन माना—

बिनु गुरु होइ कि ग्यानु ग्यानु कि होइ विराग बिनु।
गावहि वेद पुरान सुख कि लहिअ हरि भगति बिनु॥

इस संदर्भ को उन्होंने कवितावली में बार-बार रखा है। वे एक स्थल पर जप, योग, वैराग्य, यज्ञ, दान, दया, दम, ज्ञान सभी की सार्थकता श्रीराम से जोड़कर कहते हैं—

जप जोग विराग महामख साधन दान दया दम कोटि करैं।
मुनि सिद्ध सुरेस गनेस महेस से सेवत जन्म अनेक मरैं।
निगमागम ज्ञान पुरान पढ़ै तपसानल में जुग पुंज जरै।
मन सो पन रोपि कहै तुलसी रघुनाथ बिना दुख कौन हरै।

तुलसी का संकट इस बात में नहीं था कि कर्मवाद, ज्ञानवाद, तप एवं यज्ञवाद उचित एवं लोकरक्षक नहीं हैं। वे निरन्तर नैतिक समाज के लिए इन तत्त्वों को लोकाश्रय के रूप में ग्रहण करते हैं। उनकी मूल समस्या थी, इन मूल्यों का संरक्षण कैसे हो—भय का कारण था—उनके युग का राजनीतिक संकट—इस संकट से लोकाश्रय की रक्षा, मानवीय मूल्यों की संरक्षा सबको वे श्रीराम से जोड़कर स्थायी बनाते हैं।

तुलसी अपने युग के संकट एवं प्रकृति की गहरी पहचान रखते हैं। इस संकट में पड़े हुए भारतीय जन समाज की पहचान से वे भलीभाँति जुड़े हुए थे। वे जानते थे कि बिना रामाश्रय के यह भारतीय संकट कम नहीं हो

सकता—कारण यह कि व्यक्ति के लिए एक विश्वसनीय आश्रय चाहिए और तुलसी के राम इस युग के लिए उनकी अवधारणा के अनुसार संकटापन्न समाज के लिए महत्तम विश्वसनीय आदर्श हैं। उनके अनुसार, इस संकटापन्न समाज के लिए श्रीराम की शरणागति मुक्त भाव से ग्रहण करनी चाहिए और वह निश्चित ही सभी कुछ देख रहा है, सर्वत्र वर्तमान है और सबकी रक्षा के लिए उसने संकल्प ले रखा है—क्योंकि सभी उसके द्वारा उत्पन्न किए गए हैं, सभी उसे समान रूप से प्रिय हैं। तुलसी के युग के संकट की मुक्ति का केवल एक ही उपाय है, वह है, अनन्य निष्ठाभाव से श्रीराम के प्रति समर्पण—

साँची कहौं कलिकाल कराल मैं ढारो बिगारो तिहारो कहा है।
काम को कोह को लोभ को मोह की मोहिं सौं मानि प्रपंच रहा है।
हैं जगनायक लायक आजु पै मेरियौ टेव कुटेव महा है।
जानकीनाथ बिना तुम्हरी जन दूसरों सों करिहौ न हहा है॥

❑

2.

गोस्वामी तुलसीदास का समन्वयवाद

गोस्वामी तुलसीदास जी की सबसे बड़ी विशेषता है, लोक-समन्वयवाद की। वे ब्राह्मणवादी नहीं थे, वे किसी एक मत के समर्थक रामानुजाचार्य या रामानन्द के मतावलम्बी भी नहीं थे, वे एक सीमा के बाद जाकर स्मृति तथा वैराग्य धर्म से भी मुक्ति ले लेते हैं। वे विशिष्टाद्वैत, अद्वैत, द्वैत, द्वैताद्वैत के सीमा में कुछ ही क्षण के लिएं बँधते हैं, फिर मुक्त हो उठते हैं। वे केवल श्रीराम की शरणागति में डूबने-उतराने वाली भक्ति की सोच में अपने को बाँधकर दूसरे क्षण उससे भी मुक्ति ले लेते हैं। वे परम्परागत शरणागति-प्रपत्ति का आलम्बन ग्रहण करते और फिर थोड़ी देर बाद उसे भी छोड़ देते हैं। तुलसी केवल समाज सुधारक एवं रामभक्त मात्र नहीं थे। गोस्वामी तुलसीदास की कृतियों का सही विश्लेषण किया जाए तो वे सही मायने में लोक हितैषी, जन रक्षक एवं टूटती एवं बिखरती हुई परम्परित भारतीय अस्मिता के पुनर्प्रतिष्ठापक थे। भारतीय जीवन, उसकी संस्कृति, उसकी अस्मिता एवं उस मुगलकालीन राज्य में उसकी बिखरती हुई कड़ियों को जोड़ने का जितना अधिक प्रयास इस कवि ने किया है, उसका मूल्यांकन करते हुए सर जार्ज ग्रियर्सन जैसे विदेशी अध्येताओं ने उन्हें महात्मा बुद्ध के बाद ठीक उसी क्रम में दूसरा समन्वयवादी लोकरक्षक माना है।

गोस्वामी तुलसीदास हम भारतीयों की चिन्ता कवितावली एवं श्रीराम-चरितमानस में करते हुए कहते हैं–

भलि भारत भूमि भले कुल जन्म समाज सरीर भलो लहिकै।
करषा तजिकै परुषा बरखा हिम मारुत घाम सदा सहि कै।
जो भजै भगवान सयान सोई तुलसी हठ चातक ज्यौं गहिकै।
नतु और सबै विष बीज बये हर हाटक काम दुहा नहिंकै॥

भारतवर्ष जैसा देश (भागवत पुराण में भी यही कहा गया है कि **गायन्ति देवा किल गीतकानि धन्यास्तु ये भारतभूमिभागा**) यह देवभूमि है और

देवभूमि में भले कुल में जन्म लेकर समाज की अगुआई करने वाले समाज से जुड़े, हे लोगों? सुन्दर काया से दर्शनीय भले लोगों को साथ-साथ रखो और उन्हें भी साथ में ले लो। एक दूसरे के प्रति मानापमान, क्रोध, अपकर्ष का त्याग करके वर्षा, ठंडी वायु के थपेड़े एवं धूप की ऊष्मा को सहते हुए एकनिष्ठ भाव से जुड़ जाओ। अच्छे मूल्यों के लिए हठपूर्वक चातक की भाँति स्वाति जल के लिए जैसे तुलसी श्रीराम के लिए प्रतिबद्ध है, या कटिबद्ध है- शुभ मूल्यों के लिए कटिबद्ध हो जाओ अन्यथा तुम्हारा जीवन उसी प्रकार निष्फल हो उठेगा, जैसे सोने के हल से कामधेनु द्वारा भूमि जोतने के बाद भूमि में विष का बीज बोना।

कवि यहाँ भारतवर्ष के साथ अपनी सांस्कृतिक आत्मीयता जोड़कर नागरिकों को शुभ कृत्यों, शुभ आचरणों एवं शुभ मूल्यों के प्रतिफलों की प्राप्ति का संदेश देता है।

पूरे भारतीय समाज को 'राम से जोड़ना', उन्हें राम के नाम से एक करना, राम के कृत्यों से सम्पन्न करके एक मंच पर बैठा देना-यह तुलसी का एक भक्ति आन्दोलन नहीं, सामाजिक आन्दोलन था। तुलसी हनुमान के नाम से अखाड़ों की व्यवस्था की बात और प्रचार करते थे-हर अखाड़े के शीर्ष पर एक हनुमान स्थापित होते थे। काशी में एक स्थान पर श्रीराम की लीला नहीं, पूरे काशी भर में खेली जाने वाली श्रीराम की लीला और घूमने वाला रामदल तुलसी की देन है। तुलसी घर-घर, मन-मन, मुहल्ले-मुहल्ले, राम को स्थापित करते हैं। उनकी रामलीला में अभिनय करने वाले-मल्लाह, खटिक, अहीर, नाई, ठाकुर, ब्राह्मण, कोल, डोम, किरात, नारी सब हैं। कल्पना करें, सब में राम की स्थापना करके उन्हें एक मंच पर, एक मूल्य पर, एक व्यवस्था पर, आसीन करा देने वाले इस महाकवि से बड़ा लोकरक्षक और कौन हो सकता है? योगी, संन्यासी, विद्वान्, कर्मकांडी, ऋषि, पंडित, ज्ञानी सभी को वे श्रीराम से जोड़ते हैं-

झूमत द्वार अनेक मतंग जंजीर जरे मद अंबु चुआते।
तीखे तुरंग मनोगति चंचल पौन के गौनहु से बढ़ि जाते।
भीतर चन्द्रमुखी अवलोकति बाहर भूप खरे न समाते।
ऐसे भये तो कहा तुलसी जुपै जानकी नाथ के रंग न राते॥

तुलसी ऐश्वर्य एवं शक्ति से सम्पन्न सम्राट नरेशों को ही नहीं, उन देवताओं को भी श्रीराम से जुड़ जाने की चेतावनी देते हैं, जो अधि दैवत् तत्त्वों से सर्वधा एवं सर्वतोभावेन मंडित है। इन देव तुल्य ऐश्वर्य मंडित नरेशों

की व्यंजना तुलसी यहाँ उन देवताओं के साथ-साथ देते हैं–

सुरराज सो राज समाज समृद्धि विरंचि धनाधिप सो धन भो।
पवमान सो पावक सो जस सोम सो पूषन सो भव भूषन भो।
वारि जोग समीरन साधि समधि कै धीर बड़ो बसहूँ मन भो।
सब जाय सुनाय कहैं तुलसी जो न जानकी जीवन को जन भो॥

इन्हीं सबके साथ तुलसी लोक सम्बन्धों की पराकाष्ठा भी श्राराम से जोड़कर ही निर्धारित करते हैं। वे एक स्थल पर कहते हैं–

सो जननी सो पिता सोइ भाई सो भामिनि सो सुत सो हित मेरो।
सोई सगो सो सखा सोइ सेवक सो गुरु सो सुर साहिब चेरो।
सो तुलसी प्रिय प्रान समान कहाँ धौ बनाइ कहौं बहुतेरो।
जौ तजि देह को गेह को नेह सनेह सो राम को होइ सबेरो॥

जो व्यक्ति जितनी जल्दी शरीर, गृह, लोक का स्नेह का परित्याग करके श्रीराम का अपना बन जाए उतना ही ठीक है क्योंकि वही माता, वही पिता, वही भाई, वही पत्नी, वही हितैषी पुत्र, वही सगा-सम्बन्धी, वही मित्र, वही सेवक, वही गुरु, वही देवता, वही स्वामी, वही दास और वही सब कुछ है। लोक का श्रीराम से जुड़ना तुलसी की भक्ति ही नहीं 'स्वयं में एक जन आन्दोलन' भी है।

तुलसी श्रीराम से जुड़ने का जो मंच निर्मित करते हैं, अखीरकार उसके पीछे कारण क्या हैं? शतियों से जो कुछ भी भारत का टूट चुका था, तुलसी के समय तक भारतीय सांस्कृतिक व्यवस्था–खंड-खंड होकर चूर्ण हो चुकी थी, हम अपनी भारतीयता को विस्मृत कर चुके थे। अपनी अस्मिता, स्वत्व एवं पारम्परिक आध्यात्मिक निष्ठावाद को जलाकर राख कर चुके हमें तुलसी श्रीराम के मंच पर सबको पुनः एकत्रित करके हममें उन मूल्यों की प्राण प्रतिष्ठा करना चाहते थे। तुलसी जिन मान्यताओं को प्रतिष्ठित करना चाहते थे–ने व वर्गवाद से जुड़ी हैं, न जातिवाद से, न आभिजात्यवाद से अपितु उनका सीधा सम्बन्ध भारतीय आध्यात्मिक लोकवाद से है–जिसका प्रतीक श्रीराम का महिमामंडित कर्म एवं उनका रामराज्य है।

तुलसी भक्ति की बात करते हैं, मुक्ति की भी बात करते हैं किन्तु वह उस देह की मुक्ति नहीं चाहते जो श्रीराम के प्रति निष्ठावान् एवं समर्पित है। उनकी सदेह मुक्ति की अवधारणा भी यही है कि श्रीराम के साथ जुड़ी यही देह उन्हें बार-बार मृत्यु के बाद मिलती रहे। अतः तुलसी के मन में इस देह की, इस लोक की, इस लोक जगत के प्राणियों की, उनके पारस्परिक स्नेह

की बराबर चिन्ता है, किन्तु सब कुछ श्रीराम से जुड़कर ही, उनसे विमुक्त रहकर नहीं। वे विनय पत्रिका में एक स्थल पर इसी तथ्य को स्पष्ट करते हैं–

सुमिरु सनेह सो तू नाम राम राम को।
संबल निसंबल को सखा असहाय को॥
भाग है अभागेहु को गुन गुनहीन को।
गाहक गरीब को दयालु दान दीन को॥
कुल अकुलीन को सुन्यौ है वेद साखि है।
पांगुरे को हाथ पांव आँधरे को आँखि है।
माय बाप भूखे को अधार निरधार को।
सेतु भवसागर को हेतु सुखसार को॥
पतित पावन राम नाम सो न दूसरो।
सुमिरि सुभूमि भयो तुलसी सो ऊसरो॥

तुलसी के राम लोकरक्षक हैं, वे आश्रयहीन, असहाय, अभागे, गुणहीन, गरीब, दीन–दुखी, अकुलीन, हाथ–पाव से पंगुल, अंधे, भूखे, सताए हुए लोक के लिए आश्रय स्वरूप एकमात्र आधार हैं। ऐसे श्रीराम की लीला को तुलसी वृहत्प्रबंध कथा के रूप में प्रस्तुत करते हैं। नगर एवं गाँवों में उनकी लोकरक्षक लीला के खेले जाने का कवि तुलसी भरपूर यत्न करता है। स्थान–स्थान पर मंच बनवाकर उनकी कथा का वाचन करता है, नाना प्रकार के आयोजनों में रामकथा के विविध प्रसंगों तथा पात्रों की अवतारणा द्वारा उनको पुनः स्थापित करता है। श्रीराम का यह लोकरक्षक स्वरूप, भक्त तुलसी की नहीं, लोकरक्षक तुलसी की अपनी निजी अवधारणा है और उस अवधारणा का मन्तव्य मात्र इतना ही है कि बिखरे लोक को श्रीराम के ही द्वारा जोड़ा जा सकता है, अन्य के द्वारा नहीं।

तुलसी के समन्वयवाद का एक दूसरा भी पक्ष है। वह है, सम्पूर्ण युगीन धार्मिक मान्यताओं को श्रीराम से जोड़ देना और जोड़कर एक निर्विवाद आयाम तैयार करना। तुलसी श्रीराम को एक ऐसे बिन्दु पर स्थापित करने का प्रयास करते हैं, जहाँ सम्पूर्ण द्वैत दर्शन उनसे जुड़ जाएँ। शुद्धाद्वैत एवं पुष्टि मार्ग का लीला सिद्धान्त तुलसी को सर्वथा प्रिय है। वे राम के ऐसे स्वरूप की स्थापना करते हैं–जहाँ राम–कृष्ण में अन्तर न रह जाए। तुलसी के साक्ष्यों को देखने पर 'वंशी एवं धनुर्धर' के भेद की कथा कल्पित लगती है। वे कृष्ण और राम के जिस अद्वैत रूप की स्थापना करते हैं, उसके लिए मानस, कवितावली, विनयपत्रिका एवं श्रीकृष्ण गीतावली साक्ष्य है। विशिष्टाद्वैत के

रूप में प्रख्यात रामानुज मत के समर्थक उन्हें अपने से जोड़ते हैं, किन्तु तुलसी उनके होते हुए भी आगे बढ़ जाते हैं। सगुणोपासक रामानन्द मत तथा स्मार्त वैष्णव विनय पत्रिका की बहु देवोपासना से जोड़कर उन्हें अपना कहते हैं, तुलसी एक सीमा तक उनसे भी जुड़े हैं। श्रीरामचरितमानस के श्रीराम के दार्शनिक स्वरूप की व्याख्या करें तो वे अद्वैतवेदान्त से जुड़े निर्गुण ब्रह्म तथा लीलायुक्त सगुण ब्रह्म दोनों हैं, इन दोनों से हटकर आगे देखें तो उनके द्वैत रूप एवं द्वैताद्वैत विलक्षण रूप ब्रह्म राम में परिणत हो जाते हैं। तुलसी ने अपनी अद्‌भुत प्रतिमा से श्रीराम के जिस ब्रह्मरूप की स्थापना की है, वह अद्वैत मत, द्वैत मत, द्वैताद्वैत, विशिष्टाद्वैत सभी के समन्वित रूप है। वह ब्रह्म कैसा जो किसी एक मान्यता तक सीमित रह जाए? वह अपनी स्वयं निष्पन्न विभव शक्ति का ऐसा प्रसार करते हैं कि जिसकी जैसी भावना हो, वह उसके अनुकूल उन्हें देख ले, उनकी व्याख्या कर ले, तुलसी ने सबके लिए मानस में पर्याप्त अवसर दिया है।

तुलसी के धार्मिक समन्वयवाद का दूसरा स्वरूप वेदान्त से भिन्न मतों के साथ भी दिखाई पड़ता है। तुलसी सभी देवों को, सभी मतों के साधकों को श्रीराम से जोड़ते हैं। प्रभाव की छवि से शैवमत की सर्वाधिक चर्चा की जाती है। तुलसीदास जी ने, कहा जाता है कि, अपने जीवन का आधा भाग काशी में व्यतीत किया था। उन्होंने कवितावली में उल्लेख किया है कि वे काशी में मृत्यु मुक्ति के लिए रहते हैं। तुलसी युग के सबसे प्रबल मत 'शैव मत' के प्रति उनकी एवं उनके राम की सर्वत्र एवं सर्वथा आस्था दिखाई पड़ती है। गीतावली में शिशु राम के दर्शन के बहाने शिव उनके जीवन की भविष्यवाणी करने के लिए ज्योतिषी का रूप धारण करके राजभवन में जाते हैं–

अवधु आजु आगमी एकु आयो।
करतल निरखि कहत सब गुन राम बहुत न परची पायो॥
बढ़ो बड़ो प्रामानिक ब्राह्मन संकर नाम सुहायो।
संग सुसिष्य सुनत कौसल्या भीतर भवन बुलायो॥
पायँ परवारि पूजि दियो आसन असन बसन पहिरायो।
मेले चरन चारु चारयो सुत माथे हाथ दिवायो॥
नख सिख बाल बिलोकि विप्र तनु पुलक नयन जल छायो।
लै लै गोद कमल कर निरखत उर प्रमोद न अभायो॥

× × ×

तुलसिदास रनिवास रहसबस यो सबको मन भायो॥
सनमान्यौ महिदेव असीसत सानंद सदन सिधायौ॥

श्रीरामचरितमानस में तो रामजन्म के अवसर पर शिव आनन्दमग्न विह्वल अयोध्या नगर की गलियों में विचरण करते हैं। शिव का यह राम प्रेम अद्‌भुत है।

गोस्वामी तुलसीदास जी शिव के मन में श्रीराम प्रेम की पयस्विनी में निरन्तर नहाते रहते हैं–दूसरी ओर, श्रीराम का शिव प्रेम भी सर्वत्र कथित है। सेतुबंध के बाद रामेश्वरम् में 'शिवलिङ्ग' की स्थापना और उनके द्वारा कहे हुए शब्दों से उनके मन में निहित शिव प्रेम एवं महत्त्व का सहज ही अनुमान लगाया जा सकता है–

संकर प्रिय मम द्रोही शिव द्रोही मम दास।
ते नर परहिं कलपभरि घोर नरक महँ वास॥

शिव-भुशुंडि कथा के माध्यम से 'शिव तथा राम' के अभिन्न प्रेम एवं समन्वय की अनन्यता के आख्यान की भी यही ध्वनि निकलती है। तुलसी की दृष्टि में 'शिव पार्वती' जगत-पितरौ' हैं, समग्र सृष्टि के 'पिता-माता'। कथानायक श्रीराम की कथा स्वयं शिव कहते हैं, गोस्वामी तुलसीदास जी की कथा के वक्ता भी वही हैं।

शैव और वैष्णव धर्म के बीच स्थित विवाद को मध्यकाल में शमित करने के अनेक उपाय किए गए थे। शैव मंदिरों में विष्णु की मूर्ति का प्रवेश इसी समन्वय का प्रतिफल था। अध्यात्म रामायण जैसी कृतियों की रचना 'शैव-वैष्णव' समन्वयवाद का ही प्रतिफल है। इस समन्वयवाद की दिशा में वैष्णव मत के अन्तर्गत श्रीराम एवं श्रीकृष्ण भक्तों ने भी पर्याप्त प्रयास किया। शैव-वैष्णव मत के समन्वय के लिए तुलसीदास द्वारा किए गए प्रयास निश्चित ही सराहनीय हैं। काशी में शैवों के व्यक्तिगत विरोध के बाद भी उन्होंने अपनी शैव आस्था में कभी कमी नहीं आने दी। तुलसी का शैव एवं वैष्णव समन्वय मध्यकालीन भारतीय जनमानस को एकजुट होने की पर्याप्त प्रेरणा देता है।

तुलसी का थोड़ा बहुत विरोध निर्गुण मतावलम्बियों, अंधास्थावादी एवं सिद्धि का प्रचार करने वाले गोरखनाथ मतावलम्बियों से दिखाई पड़ता है–किन्तु भक्ति की दृष्टि से विचार करने पर निर्गुण तथा सगुण मतावलम्बियों में लम्बा विरोध नहीं है। तुलसी की कमजोरी यह है कि वे राम के विषय में अन्यथा नहीं सुन सकते और उनके अतिरिक्त वे सर्वस्व एवं सर्वोपरि किसी को भी नहीं स्वीकार करने को तैयार हैं–इसके बावजूद भी वे समन्वय दृष्टि

को सर्वोपरि प्राथमिकता देते हैं, विरोध दृष्टि को नहीं। अरण्य कांड में 'शरभंग प्रसंग' योग मार्ग से ही जुड़ते हैं। योगी शरभंग राम के आगमन पर उनकी भक्ति के प्रति वह समर्पित हो उठते हैं–

जोग जन्य जप तप ब्रत कीन्हा। प्रभु कहँ देइ भगति कर लीन्हा॥
एहिं बिधि सर रचि मुनि सरभंगा। बैठे हृदय छाँड़ि सब संगा।
सीता अनुज समेत प्रभु नील जलदु तन स्याम।
मम हिय बसहु निरन्तर सगुन रूप श्रीराम॥
अस कहि जोग अगिनि तनु जारा। राम कृपा बैकुंठ सिधारा॥

तुलसी का आध्यात्मिक एवं धार्मिक समन्वयवाद भी अन्ततया लोक समन्वयवाद का ही एक रूप है, क्योंकि अपने युग की आस्थावादी वृत्ति के विरोधों को दूर करते हुए उनके द्वारा यहाँ सभी को एक साथ जोड़ने की चेष्टा की गई है। इन दोनों के अतिरिक्त उनके लोक जीवन के व्यावहारिक समन्वयवाद की चर्चा यहाँ अपेक्षित है।

स्वयं गोस्वामी तुलसीदास जी ने ही कहा है कि उनका जन्म श्रेष्ठ ब्राह्मण कुल में हुआ था–किन्तु तुलसीदास जी ने अपनी बाल्यावस्था में ऐसे संकटों को झेला कि उनके मन में इस ब्राह्मण वर्ग के प्रति कोई आस्था नहीं रह गई थी–

विप्र निरक्षर लोलुप कामी। निराचार सठ वृषली स्वामी।

× × ×

द्विज श्रुति बेचक भूप प्रजासन। कोइ नहिं मान निगम अनुसासन।

क्षत्रियों की स्थिति और भी निन्द्य थी। क्षत्रिय राजा तो प्रजा को ही भोजन के रूप में ग्रहण कर रहे थे और सम्पूर्ण वर्ग व्यवसाय उनके समय तक छिन्न हो चुके थे।

गोस्वामी जी की सबसे बड़ी विशेषता है, वह जिससे जीवन भर मार खाते रहे, समाज आघातों को सहते हुए भी उसे बचाने के प्रति संकल्पबद्ध रहे, वह है, श्रुतिसम्मतहरि भक्ति पथ। 'हरिभक्ति पथ को श्रुति सम्मत' कहकर वैदिक परम्परा से जोड़ना तुलसी की अपनी सामर्थ्य है। निर्गुण से उनका विरोध भी इसीलिए था कि वे भक्ति को श्रुति सम्मत नहीं मानते थे। श्रुति सम्मत का अर्थ है, अपनी सनातन वैदिक व्यवस्था जिसमें वर्णाश्रम धर्म, बहुदेववाद, प्रतीक एवं मूर्ति पूजावाद, प्रेम एवं मानवीय सत्य निष्ठा-दया, करुणा, सौहार्द्र आदि के मूल्य समन्वित हैं। लोक के लिए आत्मत्याग सर्वोपरि है। गोस्वामी तुलसीदास इसीलिए रामकथा को, भक्ति को, धर्म को,

आध्यात्मिकता तथा नैतिकता आदि मूल्यों को वैदिक परम्परा से जोड़ते हैं। इनके राम इन सारे तत्त्वों के प्रतीक हैं। गोस्वामी तुलसीदास की सबसे बड़ी विशेषता है, वे सम्पूर्ण समाज में किसी को अलगाते नहीं और भक्ति के साथ जोड़कर सबसे उपेक्षित वर्ग को ऊँचा उठाते हैं, सभी से बराबर स्नेह रखते हैं, सभी को बराबर सम्मान देते हैं।

राम के गुलामनि की रीति प्रीति सूधी सब
सब सों सनेह सबही को सनमानिये।

गोस्वामी तुलसीदास लोक एवं वेद (लोक व्यवहार एवं नैतिक सदाचरण) मत के समन्वय पर भी निरन्तर बल देते हैं। श्रीरामचरितमानस के सभी पात्र अपनी पराकाष्ठा पर पहुँचकर व्यवहार नहीं शील के उदाहरण बन जाते हैं। 'रावण' अत्याचारी ही नहीं अत्याचारी का एक शील या मानक भी है। राम श्रेष्ठ मानवीय गुणों के आचरण से ही नहीं जुड़ते, मानवीयता के प्रतीक भी बन जाते हैं। भरत त्याग के प्रतीक तो हनुमान स्वामी को प्रति सर्वथा समर्पण भाव के प्रतीक। सीता पति के प्रति निष्ठामयी नारी हैं तो लक्ष्मण समर्पित भाई के प्रतीक हैं। सम्पूर्ण मानस, इस प्रकार, लोक व्यवहार तथा नैतिक सदाशयता के आत्यन्तिक समन्वय से आबद्ध महाकाव्य है। भारतीय साहित्य में जीवन निष्ठा एवं लोक व्यवहार के समन्वय का ऐसा श्रेष्ठ प्रतीक महाकाव्य कोई दूसरा नहीं है।

मानस इस प्रकार अध्यात्म, धर्म, लोक तथा वेद मतों के समन्वय से संयुक्त एक ऐसा काव्य है, जिसके समीप जाकर सभी आत्मतृप्ति का अनुभव करते हैं। तुलसी ने टूटी हुई सनातन व्यवस्था एवं अपने युग के वर्तमान संकटों के बीच तालमेल बैठाने का जो कार्य किया है, उसका माध्यम 'श्रीराम भक्ति' है। श्रीराम की भक्ति पयस्विनी में मिलकर व्यवस्था की समस्त जर्जरता, वर्तमान हिन्दू धर्म का भयभरा संकट एवं उनके मूल स्वरूप के नष्ट होकर विलुप्त हो जाने के सारे-के-सारे खतरे समाप्त हो उठते हैं। तुलसी के ही राम कह सकते हैं–

सब मम प्रिय सब मम उपजाये।
सबते अधिक मनुज मोहिं भाये॥

तुलसी के समन्वय का एक महत्त्वपूर्ण पक्ष है, लोक तथा अध्यात्म का समन्वय और उसकी सार्थकता का केन्द्रीय बिन्दु है, लीला। तुलसी की सम्पूर्ण रामकथा लीला की अद्भुत व्याख्या से जुड़ी है। राम एक ही बिन्दु पर, दशरथ पुत्र हैं और उसी बिन्दु पर ब्रह्म भी हैं। मानस में 'लोक और अध्यात्म'

का समन्वय रूप राम के संदर्भ में कहीं-कहीं भ्रम भी उत्पन्न करता है। यह भ्रम पार्वती को, गरुण को और यथासमय भुशुंडि जैसे सुविज्ञों को भी होता है—लोक तथा अध्यात्म का यह लीला समन्वय राम के सन्दर्भ में अनासक्ति, निस्पृहता, शील, सदाचरण से जुड़कर मानव जाति के लिए आदर्श बन जाता है, तो दूसरी ओर सामान्य मानव के लिए लोकाश्रयण एवं गम्भीर आस्था का हेतु भी। तुलसी को पत्थर से प्रभु का अवतरण मान्य है—हृदय उसी को स्वीकार करके लोकरक्षण से अपने को जोड़ता है—

'पैज परी प्रहलादहुँ के प्रगटे प्रभु पाहन ते न हिये ते'

प्रभु लीलाधारी मानवीय आचरण से जुड़े लोक रक्षण के लिए किसी क्षण, किसी भी स्थान और किसी भी आश्रय से उत्पन्न हो सकते हैं।

लोक विश्वास और उसके आत्मरक्षण की आस्था के लिए जितना बड़ा सम्बल, तुलसी ने 'लोक और लीला' के अद्वैत द्वारा जन मानस के सामने रखा, उससे निराश हिन्दू मन को निरन्तर उत्साह भरी प्रेरणा मिलती रही।

गोस्वामी तुलसीदास जी के समन्वय मार्ग से जुड़ा हुआ, उनका निषेध पक्ष भी है। वे अपने युग तथा लोक के संदर्भों में जो सामान्य जन के लिए सहज ग्राह्य एवं सामान्य विश्वास से नहीं जुड़ता—उसकी निन्दा भी करते हैं। तुलसी का समन्वयवाद ऐसे प्रकरणों में तिरस्कार से न जुड़कर उसकी सात्विकता से जुड़ता है। सबसे पहले संदर्भ ज्ञान मार्ग का आता है—वे ज्ञानी की श्रेणी बताते हुए कहते हैं—

ब्रह्म ग्यान बिनु नारि नर करहिं न दूसर बात।
कौड़ी लागि लोभ बस करहिं विप्र गुरु घात॥

इस कलियुग के ज्ञान तथा ज्ञानी के अतिरिक्त भी कवि निरपेक्ष ज्ञान तत्त्व की मीमांसा करता हुआ कहता है कि—

कहत कठिन समुझत कठिन साधत कठिन विवेक।
होइ घुनाक्षर न्याय जौं पुनि प्रत्यूह अनेक॥

ऐसे में, एक ओर ज्ञान मार्ग की जटिलता से उपजा कैवल्य पद सामान्य जन के लिए कितना जटिल है, दूसरी ओर इसे सहज ही समझा जा सकता है। यही कारण है कि भक्त ज्ञानपक्ष को छोड़कर उस कैवल्य पद को सहज ही भक्ति के द्वारा प्राप्त कर लेते हैं—

अति दुर्लभ कैवल्य परम पद। संत पुरान निगम आगम वद।
राम भगति सोई सुकृति गोसाईं। अन इच्छित पावइ बरिआई॥

तुलसी यहाँ ज्ञानमार्ग या अद्वैत मार्ग की सार्थकता पर अविश्वास प्रगट नहीं करते। उनके अनुसार ज्ञान मार्ग खड्गधार की भाँति सहज ही समग्र अज्ञान के विनाश का हेतु है–किन्तु उसकी जटिलता साधक को पद-पद पर विचलित करती है। मध्ययुग के सामान्य आस्थावादी निरक्षर समाज के लिए ज्ञानमार्ग निश्चित ही जटिल था, इसीलिए उसकी जटिलता का वे निषेध करके उसके स्थान पर भक्ति को स्थापित करते हैं।

निर्गुण की उपलब्धि केवल निर्वैकल्पिक समाधि तक ही है। इस समाधि प्रक्रिया में भ्रम नहीं है और इससे जुड़ा हुआ व्यक्ति वहाँ पहुँचता है। दूसरी ओर सगुण ब्रह्म का लीलात्मक रूप प्रतिक्षण पात्र के अभिनय से जुड़ा है। जितने अभिनयों को देखिए उसमें स्वरूपात्मक भिन्नता दिखाई पड़ेगी। मूल पात्र की निजी पहचान सुगणोपासना में कुछ भी नहीं है क्योंकि वह निरन्तर लीला रूप में अवतरित व राम या कृष्ण छद्म वेषात्मक है। कवि कहता है कि–

राम सरूप तुम्हार अगम अगोचर बुद्धि पर।
अविगत अकथ अपार नेति नेति निज निगम कह॥

तुलसी भारतीय परम्परा के ज्ञान मार्ग की निन्दा नहीं करते, केवल उसकी जटिलता को लोक के सामने रखते हैं। उनके युग का भारतीय लोक जिस अज्ञानाधंकार में डूबा था–उसके लिए राम ही आदर्श हो सकते थे–और वह राम ऐसे हैं–भाय कुभाय अनख आलसहूँ। नाम जपत मंगल दिसि दसहूँ॥

तुलसी की यही दृष्टि उपासना एवं योग के भी विषय में है। तुलसी उपासना मार्ग की बराबर चर्चा करते हैं–आत्मशुचिता एवं वाह्य शुचिता के लिए आन्तरिक शुचिता तपस्या का धर्म है, वाह्य शुचिता उसके लिए आधार। तपस्वी की अन्तिम सार्थकता श्रीराम के प्रति समर्पण में है। अरण्यकांड में शरभंग जैसा तपस्वी राम को देखकर उन्हें अपने हृदय में धारण करता है और कहता है, आप मेरे समक्ष उपस्थित रहें और फिर–

सीता राम समेत प्रभु नील जलद तन स्याम।
मम हिय बसहु निरन्तर सगुन रूप श्रीराम॥
अस कहि जोग अगिनि तन जारा। राम कृपा वैकुंठ सिधारा।

'योग, यज्ञ, तप, व्रत, जाप' आदि से सदैव संलग्न सरभंग को बैकुंठ की प्राप्ति श्रीराम के सगुण रूप वरण से होती है। कवि की धारणा है कि जीवन भर इन उपायों में लगा होने के कारण साधक 'सालोक्य मुक्ति' प्राप्त कर सकता है, सायुज्य या सारूप्य मुक्ति नहीं।

तुलसी के समन्वयवाद के विपरीत उनका यह निषेधवादी मूल्य श्रीराम के विरोध से जुड़ता है। नाथ, सिद्ध, शाक्त आदि मतावलम्बी जो अपनी वंचकता भरे आचरण से लोक को ठग रहे थे, तुलसी उनकी ओर अपनी तीक्ष्ण डालते हैं। वे जानते हैं कि धर्म ही इनकी आजीविका का साधन है और हम प्रयास करके भी इन्हें श्रीराम से नहीं जोड़ सकते।

तुलसी इन पाखंडियों को धर्म एवं भक्ति का विरोधी बताते हैं। दोहावली में वे कहते हैं कि–

लही आँख कब आँधरे बाँझ पूत कब लाय।
कब कोढ़ी काया लही जग बहराइच जाय॥

× × ×

साखी सबदी दोहरा कहि किहिनी उपखान।
भगति निरूपहि अधम कलि निंदहि वेद पुरान॥

× × ×

गोरख जगाये जोग भगति भगायो लोग

तुलसी के युग के इस प्रकार के मतों से उनकी कहीं कोई सहमति जुड़ी हुई नहीं दिखाई पड़ती है।

तुलसी का निषेध पक्ष अपने युग के संदर्भों को उसी प्रकार उकेरता है, जैसे कबीर युग के बाह्याडम्बर का विरोध करते हैं–किन्तु यहाँ स्वयं तुलसी की दृष्टि में साखी, सब्द, दोहरा के गायक निर्गुण भक्त कबीर भी उनकी भक्ति सीमा के बाहर रहते हैं। तुलसी का समन्वयवाद केवल उनके सम-सामयिक मतवादों से नहीं जुड़ता–वे कृष्ण भक्ति से पूरी तरह मेल-मिलाप कर लेते हैं किन्तु कबीरदास की निर्गुण एवं जायसी की प्रेममार्गी भक्ति से मेल-मिलाप नहीं कर पाते। यही कारण है कि उनसे जुड़े समन्वय को वे अपने समीप नहीं आने देते।

❑

3.

तुलसी के श्रीराम का लोकरक्षक रूप

रामचरितमानस श्रीराम की एक ऐतिहासिक कथा ही नहीं है, वह अपने युग की एक प्रतीक गाथा भी है–एक नृशंस, हिंसक, श्रेष्ठ मूल्यों का हन्ता, देव-नगरों को उजाड़कर उनकी सम्पत्ति लूट ले आने वाला, कुबेर की धननगरी पर कब्जा करके अपना राजनगर बनानेवाला, गृह लालनाओं तथा सुन्दरियों का बलात् अपहरण करके अपने अन्त:पुर में प्रतिष्ठित करके भोगमयी वृत्ति से सम्पन्न परिवार, कुल, बन्धु-बान्धव एवं परिजनों तथा पुरजनों से सम्पन्न। तुलसी की रामकथा पतित आचारण, भ्रष्ट अपसंस्कृति से जुड़े, एक घृणित तथा आततायी समाज से मुक्ति की कथा है। उस राज्य में धर्म कार्य नहीं हो सकते थे, पाठशालाएँ एवं यज्ञशालाएँ जला दी जाती थीं, ब्राह्मण एवं गौ के हत्यारे इस राक्षसकुल से आतंकित सारा लोक आक्रान्त था–

कृपा रहित हिंसक सब पापी। बरनि न जाइ बिस्व परितापी॥
भुज बल बिस्व वस्य करि राखेसि कोउ न सुतंत्र।
मंडलीक मनि रावन राज करइ जिन तंत्र॥
देव जच्छ गंधर्व नर किंनर नाग कुमारि॥
जीति बरी जिन बाहुबल बहु सुन्दर बहुनारी॥
जेहिं बिधि होई धर्म निर्मूला। सो सब करहिं बेद प्रतिकूला।
जेहिं जेहिं देस धेनु द्विज पावहिं। नगर गाऊँ पुर आगि लगावहिं॥

× × ×

बाढ़े खल बहु चोर जुआरा। जे लंपट पर धन पर दारा।
मानहिं मातु पिता नहिं देवा। साधुन्ह सन करवावहिं सेवा॥

तुलसी का यह रावण विकृत नृतत्त्वीय रचना न होकर उस विकृत समाज के घृणित एव हिंसक मूल्यों से जुड़ा है, जो धन, भोग, शक्ति, सम्पत्ति-अर्जन

एवं अपनी धर्मान्धता को प्रमुखता प्रदान करता है।

तुलसी के युग का यह संकट इतिहास, पुराण एवं पुराकथा की प्रतीक संगति से भलीभाँति मेल खाता है। इसीलिए तुलसी के मानस को बाल्मीकि रामायण या अन्य रामायणों की परम्परा में देखते हुए भी एक क्षण के लिए उन सबसे भिन्न करके देखना आवश्यक है–क्योंकि वह इतिहास के आहत लोक के लिए ही नहीं, अपने युग के आहत लोक के लिए एक सर्वथा समर्थ लोकरक्षक व्यक्तित्व की अवधारणा तैयार करते हैं, जिसका नाम उन्होंने 'श्रीराम' दिया। 'नाम' और 'श्रीराम' व्यक्तित्व दोनों उनके लोक रक्षक धर्म के दो पक्ष हैं–अभिन्न भी, भिन्न भी, परस्पर अद्वैत तथा द्वैत–दोनों रूपों में।

तुलसी के रामचरितमानस की कथा आहत मनोचेतना से शुरू होती है–रावण का उदय, उसके भाइयों तथा बन्धु बान्धवों की प्रचण्डता, उसके पुत्रों, कलत्रों, पुरजनों तथा परिजनों की नृशंसता सम्पूर्ण पृथ्वी को आहत करती है। निराश्रित पृथ्वी निरीह गौ का रूप धारण किए आत्मरक्षा के लिए ऋषि, मुनि तथा देवताओं के पास जाती है–

निज संताप सुनायेसि रोई। काहू ते कछु काज न होई॥

पृथ्वी को आगे करके देव, गंधर्व, ऋषिगण ब्रह्मा के पास जाते हैं। ब्रह्मा भी समझाते हैं, मैं तुम्हारी रक्षा करने में असमर्थ हूँ–

ब्रह्मा सब जाना मन अनुमाना मोर कछू न बसाई।
जाकरि तैं दासी सो अविनासी हमरेउ तोर सहाई॥

और अन्त में, सभी एकत्रित होते हैं–प्रार्थना करने पर आकाशवाणी होती है,

जानि समय सुर भूमि सुनि बचन समेत सनेह।
गगन गिरा गंभीर भइ हरनि सोक संदेह॥
जनि डरपहु मुनि सिद्ध सुरेसा। तुमहिं लागि धरिहउँ नरबेषा॥

श्रीरामचरितमानस परम्परा की पुनर्प्रस्तुति न होकर सामयिक सांस्कृतिक क्षरण एवं श्रेष्ठ मानवीय मूल्यों की संरक्षा का काव्य है। सम्पूर्ण विश्व का प्राचीन औरं आधुनिक संदर्भ इस मान्यता को बराबर अर्थ देता है–कि पृथ्वी के संकट का अर्थ है, लोक की व्यापक क्षति-भौतिक एवं आध्यात्मिक दोनों साथ-साथ।

आदिकाल के रावर्ण का पृथ्वी दोहन अपने ढंग का था, भारतीय मध्यकाल का पृथ्वी दोहन आतंक एवं क्रूरता से भरा दिखाई पड़ता है। पृथ्वी दोहन आज भी हो रहा है, शक्ति की मदान्धता द्वारा और पश्चिम में लिखा गया–टी० एस० एलियट का महाकाव्य-'डिजर्टेड लैण्ड' इसी पृथ्वी-दोहन की

पश्चिमी भौतिकवादी दृष्टि का सूचक है। तुलसी ने भी राक्षसों एवं विजातियों द्वारा हो रहे पृथ्वी दोहन को मानवीय अस्तित्व की चिन्ता का आधार बताया है। रामराज्य की स्थापना के लिए सबसे पहले पृथ्वी का दोहन रोकना होगा– अन्यथा सारी मानव जाति सिसक-सिसक कर मर जाएगी–

कलि बारहिं बार-बार दुकाल परै। बिनु अन्न दुखी सब लोग मरैं।

सुनु खगेस कलि कपट हठ दंभ द्वेष पाषंड।
मान मोह मारादि मद व्यापि रहे ब्रह्मांड॥
तामस धर्म करहिं नर जप तप व्रत मख दान।
देव न बरषहिं धरनी बए न जामहिं धान॥

तुलसी पृथ्वी तथा मानव जाति के इस संकट के लिए जिस लोकरक्षक व्यक्तित्व की कल्पना करते हैं, वह है, श्रीराम।

भारतीय आहत जन सामाज की पीड़ा क्या है, इसे तुलसी से अच्छा कौन समझेगा। जो जीवन भर पीड़ा के गलियारे में चक्कर लगाता रहा है, माता-पिता तथा आश्रय विहीन, जाति-पाँति से परित्यक्त, भाई एवं कुटुम्बीजनों से वंचित, पत्नी-पुत्र परिवार से आहत, समाज की पीड़ा; वे जिस लोक-पीड़ा की चर्चा करते हैं, उसी लोक में कवि तुलसी स्वयं को भी सम्मिलित किए हुए हैं, उससे भिन्न वे अपने को नहीं देखते–किन्तु इन सबके होते हुए भी उनका साहस उनकी निर्भीकता तथा पीड़ित करने वालों के प्रति उनके भर्त्सनाभाव में कहीं भी कोई संकोच नहीं है। उस समय के पीड़ित समाज के कारणों की चर्चा अपरिहार्य है।

तुलसी के युग में एक वर्ग ऐसा था, जो आतंकवादी शासन से भलीभाँति सताया हुआ था। विदेशी बर्बर आक्रमण, धन, सम्पत्ति तथा कुलांगताओं की लूटपाट, हिंसा तथा उत्पीड़न से भयग्रस्त समाज। मुहम्मद गोरी, गजनी, नादिरशाह, अहमदशाह अब्दाली आदि लुटेरों की बातें छोड़िए, अलाउद्दीन खिलजी से लेकर औरंगजेब के हिंसक अत्याचार भारतीय इतिहास में विशेष रूप से स्मरण किए जाते हैं। इस परिवेश को नकारना सम्भव नहीं है। 12वीं शती से 18वीं शती तक का भारत आहत भारत है और उसके बीच तुलसीदास का अवतरण उस जनमानस में धैर्य, शान्ति, सान्त्वना, साहस बँधाने वाले पुरुषार्थी जैसा है। डॉ० मोती चन्द ने अपनी प्रसिद्ध कृति ''काशी का इतिहास'' में ठीक ही लिखा है कि–

''तुलसीदास ने जो भक्ति तथा आदर्श की धारा बहाई, उसने मुगलकालीन भारत में हिन्दुओं की रक्षा कर ली, नहीं तो वे घोर अंधकार के गड्ढे में

बराबर गिरते ही जाते। अनेक अत्याचारों को झेलते हुए भी हिन्दुओं के सामने तुलसीदास के राम का एक ऐसा आदर्श था जो उनके सूने जीवन में एक भक्ति की लहर दौड़ाकर उन्हें अपने भीतर से और बाहरी शब्दों से मुकाबला करने के लिए तैयार करता था।''[1]

इसी प्रकार, तुलसी के युग की जनता प्रकृति के हाथों से अधिक सताई दिखाई पड़ती है। इस युग में तीन बार भयंकर दुर्भिक्ष पड़े और प्लेग जैसी महामारी ने अपनी भयंकरता से सभी को संत्रस्त कर दिया। तुलसी अपने युग की प्लेग की महामारी को प्रस्तुत करके हुए कहते हैं–

''संकर सहर सर नर नारि वारिचर
विकल सकल महामारी माजामई है।
उछरत उतरात हहरात मरिजात
भभरि भगात जलथलु मीचु मई है।''

प्लेग के इस भीषण संकट में उतराते एवं उबलते वाराणसी के लिए केवल श्रीराम की कृपा की तुलसी कामना करते हैं और उनके अनुसार श्रीराम के दूत हनुमान ने ही इन संकटों से ग्रस्त काशीवासियों की रक्षा की।

गोस्वामी तुलसीदास ने अपने युग की दुर्दशा का जो वर्णन किया है, उससे मुक्ति के लिए केवल 'प्रभु कृपा' के अतिरिक्त अन्य कोई विकल्प हम भारतवासियों के पास उस युग में बचा भी नहीं था–

एक तो कराल कलिकाल सूलमूल तामे
कोढ़ की सी खाजु सी सनीचरी है मीन की।
वेद धर्म दूरि भये भूमि चोर भूप भये
साधु सीद्यमान जानि रीति पाप पीन की।
दूबरे को दूसरो न द्वार राम दयाधाम
रावरे ही गति बल विभव विहीन की॥
लगैगी पै लाज व विराजमान विरुदहिं
महाराज आजु जौ न देत दादि दीन की॥

ग्रहों द्वारा उत्पन्न की गई मारक दशाएँ, कलिकाल की प्रचंडता, परम्परित दया, प्रेम, उदारता, दान मूल्यों का पूरी तरह से क्षरण, राजाओं द्वारा प्रजा की भूमि का अपहरण और पाप की पराकाष्ठा से साधुओं में व्याप्त भय, भला

---

1. पृ० 160, काशी का इतिहास

ऐसे समाज का रक्षक कौन हो सकता है? तुलसी ने अपने युग के लोक को एक ही द्वार दिखाया, वह है, श्रीराम का द्वार। श्रीराम की गति एवं श्रीराम का ही बल—जिनकी शरण में जाने के बाद कोई भी निराश एवं हताश नहीं लौटता।

दुखी के लिए आलम्बन, निराश्रित के लिए आश्रय, वुभुक्षित के लिए भोजन, आतंकित के लिए भयमुक्ति, सर्वहारा के लिए आश्वासन, बेसहारा के लिए जीवन रक्षा—सब कुछ श्रीराम के पास है। तुलसी ने मध्यमकालीन भारतीय लोक जीवन के लिए आशा और विश्वास की जो ज्योति जगाई-वह आज तक हमारे आस्थाचित्त के मध्य जगमगा रही है।

तुलसी का लोकरक्षक व्यक्तित्व एक बिन्दु पर और भी संवेदना सूत्र बनकर उभरा है, वह बिन्दु है—लोकव्यवस्था के तनाव से उत्पन्न पीड़ा का। कैकेई के पुत्र को राज्य चाहिए—राम स्वीकार करके चौदह वर्ष के लिए वन चल जाते हैं, प्रताड़ित सुग्रीव को अपना राज्य और पत्नी चाहिए—श्रीराम उसे सौंपते हैं, लात मार कर राज्य एवं परिवार से निष्काषित विभीषण की व्यथा देखकर श्रीराम उसे 'रावण युद्ध' के पूर्व ही रावण का उत्तराधिकारी बना देते हैं—वन लौटने पर राम चौदह वर्षों के वन क्लेश को भूलकर सर्वप्रथम माता कैकेई को आदर देकर भेंटते हैं—'राम और भरत' के सम्बन्ध को लेकर तुलसी ने मानस में जो आदर्श रखा है, वह भौतिक सम्पत्ति के लोभ में मदान्ध समाज के लिए युटोपिया है। तुलसी द्वारा रचा गया समाज नैतिक मर्यादाओं के भारतीय मानकों का आदर्श है—जहाँ मानव-मानव के संकट-दुख, कष्ट-पीड़ा एवं व्यथा को पारस्परिक रूप से बाँटकर हल्का ही नहीं करता उस पीड़ा को अपने से जोड़कर जीता भी है। राम की पत्नी का अपहरण होने के क्षण जटायु युद्ध करके अपने प्राणों के उत्सर्ग के लिए तत्पर है— और राम उसका अपने हाथों से तर्पण करके उसे अपने पिता दशरथ का स्थान देते हैं। केवट, निषाद, शबरी, भालु, बन्दर आदि के प्रति राम की आत्मीयता देखने योग्य है। भारतीय समाज के मानवीय सम्बन्धों की उदारता को तुलसी उसकी पराकाष्ठा पर पहुँचा देते हैं। स्वामि-सेवक, पिता-पुत्र, माता-पुत्र, सास-बहू, भाई-भाई आदि लोक सम्बन्धों के बीच स्थित विसंगतियों की दरारों को तुलसी दूर करने की आजीवन चेष्टा करते रहे। तुलसी प्रकारान्तर भाव से लोक की छिन्नता को एकता में परिवर्तित करते हैं।

इसी संदर्भ में, उनके मर्यादावाद की भी चर्चा अपेक्षित है। डॉ० उदय भानु सिंह जी ने इस मर्यादावाद के दो पक्षों पर विस्तारपूर्वक चर्चा की है—

(1) वैयक्तिक, (2) सामाजिक।[2]

गोस्वामी तुलसीदास जी ने लोक के अमर्यादित होने के अनेकानेक कारणों की चर्चा की है। अत्याचारियों के उत्पन्न आतंक, वासनात्मक उन्माद, परम्परित मर्यादाओं का त्याग एवं विस्मृति, शास्त्रों के प्रति निष्ठा का अभाव आदि-आदि। गोस्वामी तुलसीदास जी का यही प्रयास रहा है कि श्रीरामचरितमानस की विविध घटनाओं तथा उसके पात्रों एवं उनके चरित्रों द्वारा परम्परित सामाजिक मर्यादा को नैतिक स्वरूप दिया जाए। व्यक्ति के सम्बन्ध आदर्श बनकर सामाजिक ढाँचे को प्रभावित करते हैं। उन्हें जोड़ते तथा बनाते हैं। वैयक्तिक पात्रों की दृष्टि से देखें तो मानस कथा के जितने सत्पात्र हैं, वे अपने कर्त्तव्य एवं नीति निष्ठा के प्रति निरन्तर सजग हैं। तुलसी ने अपने विविध सत्पात्रों द्वारा लोक मर्यादा का जो स्वरूप निर्मित किया है, वह भारतीय संस्कृति के आदर्श से सम्बद्ध है यथा–भाई का भाई के प्रति, पिता का पुत्र के प्रति और पुत्र का पिता-माता के प्रति, शिष्य का गुरु के प्रति आदि-आदि। लोक सम्बन्धों का सर्वोच्च आदर्श उनके मर्यादावाद का अभीष्ट है। बिखरे, टूटे, कुंठित व्यक्ति, जीवन एवं समाज को फिर से रामकथा के माध्यम से जोड़ना उनकी महत्तम उपलब्धि है।

तुलसी की मर्यादा व्यवस्था से जुड़ा उनका सामाजिक संदर्भ और भी महत्त्वपूर्ण है। दशरथ का अपने राज समाज के बीच राम राज्याभिषेक के लिए प्रस्ताव रखना, भरत द्वारा श्रीराम को अयोध्या लौटा ले आने के लिए मंत्रणा करना, चित्रकूट-गोष्ठी, बन्दर एवं भालुओं की मैत्री, सागर से पार उतरने की मंत्रणा, राक्षसों से युद्ध करने की मंत्रणा, राज्याभिषेक के बाद अयोध्या गें विविध गोष्ठियों का आयोजन आदि कितने प्रकरण श्रीरामचरितमानस में हैं, जहाँ तुलसी सामाजिक संगति की विविध सम्भावनाओं को उठाते तथा लोक व्यवस्था के अनुकूल उसका समाधान प्रस्तुत करते हैं। जहाँ कहीं, वैयक्तिक व्यवस्था में सामूहिक नैतिकता को लांक्षित होने का प्रश्न उठा, वहाँ वैयक्तिकता को छोड़कर तुलसी ने सामाजिक लोकन्याय को मान्यता दी।

तुलसी की वैयक्तिक एवं सामाजिक दोनों मर्यादाएँ न्यायसंगत लोक व्यवस्था के लिए समर्पित हैं और वे श्रीराम को उसी सार्वभौम न्यायसंगत लोकव्यवस्था का प्रीतक मानते हैं। तुलसी के अनुसार सम्पूर्ण मर्यादाएँ श्रीराम में आकर पूर्णता प्राप्त करती हैं–क्योंकि वही लोक की अगुआई करने वाले

2. तुलसी काव्य मीमांसा, पृ० 356

तथा उसको व्यवस्था देने वाले तथा आगे ले चलने वाले महानायक हैं।

तुलसी के लोक रक्षक व्यक्तित्व का एक और भी महत्त्वपूर्ण पक्ष है। जो सामन्तवादी या परम्परावादी व्यवस्था से रौंदे हुए तत्त्व हैं, उनको पूरी आत्मीयता के साथ समाज में स्थापित करना, उनका लक्ष्य रहा है। मानस में तीन-चार प्रमुख पात्र एवं सम्बद्ध घटनाएँ इस प्रकार हैं–(1) अहिल्या प्रसंग, (2) शबरी प्रसंग, (3) सुग्रीव, (4) विभीषण प्रसंग, (5) अंगद प्रसंग। अहिल्या भोगी देवराज इन्द्र द्वारा अपमानति नारी जो हजारों वर्षों से जड़ीभूत पत्थर शिला की भाँति पति के द्वारा शापग्रस्त होकर लांक्षिता थी। प्रभु के आत्मीय प्रेम में पगी एक शबर (भील) जाति की पत्नी जो प्रभु की आशा लगाए वर्षों-वर्षों से प्रतीक्षा रत थी। सुग्रीव की भी यही स्थिति थी–बालि द्वारा पत्नी अपहरण एवं निष्कासित बानर तथा विभीषण की कथा जैसे मर्यादा पुरुषोत्तम श्रीराम की अपनी व्यथा-कथा हो। बड़े भाई द्वारा लात से मारकर राज्य से निष्कासित आदि प्रसंगों के प्रति तुलसी की दृष्टि आत्मीयता से आंकठ डूबी हुई है। स्वयं तुलसीदास अपनी भी गणना इन्हीं लोगों में करते हुए प्रभु श्रीराम की कृपावत्सलता तथा स्नेह सिंचन में डूबे हुए हैं। विभीषण, शबरी, गृद्ध जटायु, सुग्रीव, अहिल्या आदि की भाँति लांक्षित मध्ययुगीन समाज में उपेक्षित के रक्षक श्रीराम की कृपा का वर्णन करके तुलसी समाज का रुख राम की ओर मोड़ते हैं। जिनका कोई सहायक नहीं है, उनके सहायक श्रीराम हैं–

रामु हैं मातु पिता गुरु बन्धु और संगी सखा सुत धर्म सनेही।
राम की सौंह भरोसो है राम को काम रंग्यो रचि राच्यो न केही॥
जीवन राम मुये पुनि राम सदा रघुनाथहिं की गति जेहीं।
सोई जियै जग में तुलसी नतु डोलत और मुए धरि देही॥

लोक सम्बन्ध एवं लोक रक्षण का समग्र दायित्व श्रीराम पर रखकर तुलसी निश्चिन्त हैं। व्यवस्थावाद से रौंदे हुए तथा सामाजिक संदर्भों में त्रस्त जन के लिए एक दूसरे विकल्प के रूप में सामाजिक न्याय दिलाने के लिए श्रीराम स्वयं में समर्थ कारण हैं। मध्यकालीन समाज की टूटन किसी एक कारण या बिन्दु पर नहीं है। वर्ण व्यवस्था, जाति-पाँति, ऊँच-नीच, स्पर्श्य-अस्पर्श्य, सामान्य एवं राजन्य वर्ग तथा प्रजा, सनातनवाद तथा उसके प्रति विद्रोही सबको तुलसी आश्वासन देकर एक साथ जोड़कर तथा उनमें गहन आस्था उत्पन्न करके उन्हें श्रीराम के समीप कर देते हैं। टूटे तथा बिखरे हुए समाज को आशा के इस चरम बिन्दु पर एक करके तुलसी जैसे भारतीयता

की ध्वस्त व्यवस्था का नया स्थापत्य खड़ा करते हैं। इसीलिए तुलसी में विरोध कम, परम्परा या सनातन के प्रति समर्थन अधिक मिलेगा। तुलसी के लोकरक्षक व्यक्तित्व का मूल संदर्भ है जो जिस स्थिति में हैं, विनष्ट होने से जो कुछ भी अवशिष्ट है, जो टूटकर जितना भी बचा है, वही श्रीराम से जुड़े और श्रीराम उसे जोड़कर पूर्ण एवं व्यवस्थित कर देंगे। श्रीराम के लोकरक्षक व्यक्तित्व के अनेकानेक पक्ष भी रामचरितमानस में उभरकर टूटे समाज को आस्था से समन्वित कर देते हैं। तुलसी के राम पतित के उद्धारक हैं, निराश्रित के आश्रय हैं, आहत के जीवन हैं, समाज तथा लोक से निष्कासित के आश्रयदाता हैं, विस्थापित के संस्थापक हैं, सताए हुए मानव जाति के लिए एकमात्र त्राणकारी हैं। व्यक्तिगत एवं सामाजिक लोकव्यवस्था के अन्तर्गत जो जहाँ भी आहत है, श्रीराम उसके परम हितैषी तथा रक्षक हैं। तुलसी ने श्रीराम के इस लोक रक्षक स्वरूप की स्थापना द्वारा समाज को श्रीराम के प्रति अतिशय विश्वास से जोड़ा और यही विश्वास आज तक हम भारतीयों के पास थाती की भाँति सुरक्षित है।

भारतीय जीवन की सबसे बड़ी विशेषता है, आस्थावाद। अपने अतीत के प्रति अतिशय मोह, अपने बीते हुए चिन्तन के प्रति अतिशय ग्राह्यता, अपने पूर्व ऋषि, मुनि, चिन्तक, महात्मा, दैव तत्त्व, ईश्वरीय अवतरण के प्रति आद्यन्त आत्मीयता। मध्यकाल का एक ऐसा समय आता है, जहां परम्परित मत वैभिन्य में भी समन्वय की धारणा बनती गई। शैव, वैशानख, सांख्य, मीमांसादर्शन, अद्वैत वेदान्त आदि मतों के बीच व्यावहारिक स्तर पर विरोध के स्थान पर समन्वय की दृष्टि दिखाई पड़ती है। सांख्यमत जितना अपेक्षित है, वैष्णव धर्म में धरोहर के रूप में वर्तमान है। शाक्त मत का शक्तिविलास राधा तथा सीता के रूप में साथ अवतरित है। शक्ति मत की प्रकृति स्पन्दता का मूल सिद्धान्त वैष्णव एवं शैव मतों में समानान्तर भाव से दिखाई पड़ता है। इस समन्वय का मूल कारण क्या था? बहुत स्पष्ट है, किन्तु एक बात यह अवश्य है कि श्री-हर्ष के शासन के बाद हजारों वर्षों तक विदेशी आक्रमण, लूटपाट, हिंसा, अराजकता के बीच भारतीय जनमानस में आत्म सुरक्षा का भाव अधिक बढ़ा। सबको साथ लेकर, सबको एक करके चलने की एक नई आपत्-व्यवस्था ने भारतीयों को आत्मरक्षा के निमित्त एक होने के लिए प्रेरित किया। गोस्वामी तुलसी के समन्वयवाद में लोकरक्षण का यह संदर्भ अधिक सक्रिय दिखाई पड़ता है। रावण के अत्याचार से सभी पीड़ित हैं। व्याकुल धरा बेसहारा-सी कहाँ जाए? सारा देश स्वधर्म पीड़ा एवं संकटापन्न पृथ्वी की भाँति आश्रय खोज रहा था। वह दौड़कर दैव लोक जाती है–देवन्य वर्ग

असहाय रावण के भय से आक्रान्त पृथ्वी को आगे करके जगतनियन्ता ब्रह्मा के पास जाते हैं–ब्रह्मा स्वयं किंकर्त्तव्यविमूढ़ हैं–

सुर मुनि गंधर्वा मिलिकर सर्वा गे विरंचि के लोका।
संग गोतनुधारी भूमि विचारी परम विकलभय सोका।
ब्रह्मा सब जाना मन अनुमाना मोरे कछु न बसाई॥
जाकरि तैं दासी सो अविनासी हमरेउ तोर सहाई॥

ब्रह्मा भी इस लोक संकट को दूर कर सकने में असमर्थ थे–परामर्श दिया अपने स्वामी श्रीराम की शरण में जाओ? वह श्रीराम कहाँ मिलें! किसी ने परामर्श दिया–बैकुंठ चला जाए, किसी ने कहा की सागर चलो चलें, सभी की भाँति असमर्थ थके हारे शिव ने सुझाव दिया–कहीं न जाओ–

हरि व्यापक सर्वत्र समाना। प्रेम ते प्रगट होहि मैं जाना।
देस काल दिसि विदिसहुँ माँही। कहहु सो कहाँ जहाँ प्रभु नाहीं।
अग जगमय सब रहित विरागी। प्रेम ते प्रभु प्रगटहिं जिमि आगी॥

यह परम्परित आस्थावाद का खंडन नहीं, नव आस्थावाद की परिकल्पना है। कहाँ वैकुंठ और क्षीरसागर की परिकल्पना कहाँ सिर पर आसन्न मँडरा रहा संकट–**प्रभु प्रति पल, प्रति थल, प्रति काल** हैं–भारतीय लोक जीवन में व्याप्त संकट के लिए उस काल खण्ड में शरणदाता की तलाश के लिए ऐसे ही स्थल की आवश्यकता है–जहाँ प्रेम से नाम लिया, वह प्रगट हुआ–समाज को चिन्तामुक्त करने के लिए–

मुनि सिद्ध सकल सुर परम भयातुर नवत नाथ पद कंजा।
जानि समय सुर भूमि सुनि बचन समेत सनेह।
गगन गिरा गंभीर भइ हरनि सोक संदेह॥
जनि डरपहु मुनि सिद्ध सुरेसा। तुम्हहिं लागि धरिहउँ नर बेसा।
हरिहउँ सकल भूमि गरुआई। निर्भय होउ देव समुदाई॥

सबको सर्वत्र भयमुक्त करने के लिए लोक में लोकानुचरण द्वारा (नर वेष द्वारा) सम्पूर्ण लोकसंकट के बीच समाज के लिए प्रभु का अवतरण यह तुलसी की सान्त्वना है–और तुलसी की यह सान्त्वना प्रतिपल, प्रतिक्षण-प्रति पद और प्रति व्यक्ति के लिए है। वाल्मीकि रामायण में राम का अवतरण सीधे-सीधे अश्वमेध यज्ञ से जुड़ता है, तुलसी की तरह वहाँ आहत तथा पीड़ित लोक रक्षण की इतनी व्यापक भूमिका नहीं है। तुलसी के रामचरित-मानस की सबसे बड़ी विशेषता यही है कि उन्होंने अपने युग में व्याप्त सनातन

व्यवस्था के विखंडन तथा राजनीतिक, सामाजिक एवं प्राकृतिक संकटों को भोगते हुए लोक जन के लिए एक आस्था सम्पन्न त्राणकारी परादैवत् व्यक्तित्व की स्थापना की, उससे सबको जोड़ा तथा उसकी शरण में आए समाज को भयमुक्त रहने का विश्वसनीय वातावरण निर्मित किया और यह आज तक समान रूप से चल रहा है।

तुलसी ने भक्ति को अपने आप में व्यापक कलेवर देकर उसे लोक के लिए सर्वोच्च मान्यता से सम्पन्न किया। तुलसी का भक्ति विषयक संदर्भ उस भारतीय अस्मिता से जुड़ता है—जिसे हमारे यहाँ उच्चतम मूल्य कहा गया है। भारतीय लोकमानस जब तक लोक से सम्बद्ध है, नैतिक संरक्षा को सर्वोच्च मानता है किन्तु एक सीमा के बाद यह लोक मानस आध्यात्मिक मुक्ति से जुड़ जाता है। यहाँ लोक की अवधारणा निरपेक्ष रूप से मात्र समाज से जुड़े रहने भर के लिए है। गीता का अनासक्ति योग इस वानप्रस्थ समर्थित सन्यासवाद की भूमिका मात्र है। विश्व, सृष्टि, मानव समुदाय एवं सम्पूर्ण चेतन जगत एक इकाई है—और हम उसके अभिन्न अंग हैं, हमारी ही तरह समग्र ब्रह्मांड उससे जुड़ा है। लोक संसक्ति एवं उसके विविध प्रपंचात्मत धर्म एक सीमा के बाद निरर्थक हो उठते हैं—फिर, उनकी अन्तिम सारवत्ता का कोई प्रश्न नहीं है। सन्यासवाद में इस लोक संसक्ति से मुक्ति की बात कही गई, वहीं बाद में मोक्ष भी जुड़ा। जड़हीन लताओं की भाँति अपने में लपेटे हुए इस भौतिक आत्मप्रंपचात्मक एवम् मोहमुग्धकारी संसार से व्यक्ति मुक्ति लेता है, उसे स्वत: प्राप्त कर लेता है, जैसी उसकी कामना है। बाद में, इस मुक्ति को मृत्यु के बाद स्वर्ग लोक गमन आदि से जोड़ दिया गया। इस संदर्भ में भक्तों की धारणा निश्चित ही द्रष्टव्य है।

प्रभु का अवतरण किन संदर्भों में होता है—लोकरक्षण के लिए या फिर लीला के लिए। प्रभु केवल लोक रक्षण ही नहीं करते, लोक को अपनी लीला का आनन्द भी देते हैं। प्रभु की यह लीला सभी के लिए विस्मयकारी, विमुग्धकारी एवं आनन्ददायिनी है। मानस में श्रीराम के अवतरण के दो हेतु हैं—लोक रक्षण तथा भक्तों को निरन्तर आनन्दित करना। लीला के माध्यम से ही भक्त को उनकी प्रतीति होती है। प्रतीति के बाद उत्पन्न लीलानन्द की विश्रान्ति भक्तों की अन्तिम कामना है—इसीलिए भक्त मुक्ति नहीं चाहता, वह बार-बार देह धारण करके प्रभु की लीला का आनन्द लेना चाहता है। सत्ताईस कल्पों तक भुशुण्डि जन्म लेकर श्रीराम की लोक लीला का आनन्द लेते रहे। जब-जब श्रीराम अयोध्या में नर वेष धारण करके अवतरित हुए उनके दर्शनार्थ शिव बार-बार आते रहे। भक्त की लीलानन्द की चाह कभी

शान्त नहीं होती। स्वयं प्रभु भी भक्तों के लिए अपनी इस आनन्दकारी लीला को व्यक्त करके निरन्तर आनन्दित रहते हैं। प्रभु श्रीराम की लीला और भक्त का उस लीला के आनन्द को सब कुछ मान लेना–एक परस्पर कामनाभरी अवधारणा है। भक्त लोकमुक्ति नहीं चाहता, देवलोक नहीं चाहता, विष्णु धाम भी उसे प्रिय नहीं है–उससे प्रिय है, केवल प्रभु श्रीराम की लीला और बार-बार जन्म लेकर उसी को प्राप्त करते रहना। 'मुकुति निरादर भगति लोभाने' यही भक्त को एकमात्र काम्य है।

प्रभु की लीला से लोक को जोड़ना स्वयं में यह एक श्लाघ्य कर्म है। तुलसी के पूर्व लीलाएँ होती थीं–संस्कृत भाषा में। तुलसी ने मानस रचकर उसे लीलाकाव्य बना दिया। वाराणसी में तुलसी ने स्वयं राम लीला की योजना अपने जीवन काल में विभिन्न स्थानों पर की। उन्होंने उसे आयोजित ही नहीं किया–लोकमानस को श्रीराम की लीला से जोड़कर उसे लीलामय बना दिया। अनेक लौकिक सामंत तथा सम्राटों के होते हुए भी लोकमानस केवल दशरथ के पुत्र चक्रवर्ती राम को जानता है–वह उनके द्वारा आततायियों के वध का पूरा लोकनाट्य प्रस्तुत करता है–और वह जनता जो अब तक विदेशी आक्रान्ताओं से पस्त थी, राम की आनन्दमयी लीला से जुड़कर एक अन्य समानान्तर महाशक्ति की आस्थाकारी के आश्रय पर जीवन जीना शुरू करती है। लोक जीवन के लिए यह तुलसी की सबसे बड़ी देन है।

इस प्रकार, लोक रक्षण एवं लीला का आनन्द दोनों तुलसी की व्यापक संरक्षा की चेतना के अभिन्न अंग हैं। लोक का अपना भारतीय जीवन जीने का स्वप्न चाहे वह केवल काव्याधार से ही क्यों न जुड़ा हो, भारतीयों को अन्त तक जीवन्तमयी चेतना से मंडित करके अपनी तरह से जीवन जीने के लिए विवश करता है। विदेशियों के आतंक के बीच तुलसी ने हम भारतीयों को भय-मुक्तिदाता श्रीराम की लीला से जोड़कर आनन्दमय जीवन जीने की प्रेरणा दी है।

❑

4.

बेसहारा वर्ग और तुलसीदास

सातवीं शती के बाद से लेकर 19वीं शती तक भारत ने विदेशियों के जितने झोंके सहे, शायद ही, किसी देश के इतिहास में ऐसा भयंकर-तांडव हुआ हो। तुर्क, अफ़गान, मुग़ल, पुर्तगीज़, अंग्रेज़ आदि जातियों के लगभग 1200 वर्षों तक संघर्षपूर्ण दबाव के बीच भी हमारी भारतीय अस्मिता बनी रही, यह अपने आप में एक बड़े गौरव की बात है और इस अस्मिता की रक्षक विभूतियों में गोस्वामी तुलसीदास जी का नाम सदैव स्मरण किया जाता रहेगा।

विदेशी आक्रमण के दबाव के बाद भारत की आर्थिक दशा में जो दुर्व्यवस्था उत्पन्न हुई थी, उससे यहाँ एक नया वर्ग बना–जिसे हम 'बेसहारा वर्ग' कह सकते हैं। योरोपीय वित्त व्यवस्था के बीच मार्क्सवादी चिन्तकों ने 'सर्वहारा वर्ग' की चर्चा की है जो पूँजीपतियों के बुद्धि एवं कौशल के शिकार होकर बराबर शोषित होते रहे--इस सर्वहारा वर्ग जैसा एक वर्ग विदेशी शक्तिदर्प से लूटे-खसोटे गए भारतीय समाज में उत्पन्न हुआ–जिसे यहाँ 'बेसहारा वर्ग' के नाम से पुकारा गया है। इस बेसहारा के पास रहने को छप्पर नहीं, खाने को रोटी नहीं, तन ढकने के लिए कपड़ा नहीं, कोई आश्रय, कोई सम्बल नहीं। निराधार, पेट खलाए दूसरों के सामने दो टूक रोटी माँगने वाला--यह बेसहारा तुलसी के युग का बहुसंख्यक समाज था–

कृसगात ललात जो रोटिन को घर बात रहै खुरपी खरिया।
तुलसी दुख दूनो दूसरे देखि कियो मुख दारिद को करिया॥

दरिद्रता के मुख पर भी कालिख पोत देने वाली यह संकटग्रस्तता तुलसी के युग के बेसहारा वर्ग की पहचान थी। हिन्दी साहित्य के इतिहासकारों की दृष्टि तुलसी के युग के इस यथार्थ पर नहीं गई है।

शरीर, भोजन न मिल पाने के कारण क्षीण है, रोटियों के लाले पड़े हैं, घर में सम्पत्ति के नाम पर घास छीलने वाली खुरपी एवं घास बाँधने वाली

खरिया (चिथड़ी जाल) है। इस बेसहारा दरिद्र वर्ग की ओर इंगित करते हुए तुलसीदास कहते हैं कि–

''**पातक पीन कुदारिद दीन मलीन धरें कथरी करवा है।**'' पातकों से ग्रस्त जीर्ण शीर्ण शरीर एवं दरिद्रता से मारे जाते हुए एक चिथड़ी कथरी जो ओढ़ने एवं बिछाने दोनों कामों में आती है–तथा पानी पीने के लिए एक पुराना कुल्हड़-बस इस बेहसारा वर्ग की सम्पूर्ण सम्पति मात्र इतनी ही है। दरिद्रता के इस कालखंड का नायक बेसहारा-निराश्रित तुलसी जैसा, तुलसी का अपना या स्वयं तुलसी के रूप में घर-घर रोटी के टुकड़ों के लिए खाली पेट दिखाकर, भूखा भीख माँगता व्यक्ति या समाज तुलसी का अपना है। इस बेसहारा वर्ग के लिए जितनी आत्मीयता तुलसी में थी, शायद ही, मध्यकाल का कोई भक्त या सुधारक उनसे उन जैसा जुड़ा है। तुलसी इस वर्ग को श्रीराम से जोड़ते हुए कहते हैं, ''तू श्रीराम! के सामने याचना कर और उस याचना के बाद सम्पूर्ण दरिद्रता मिट जाएगी''–

जग जाँचिये कोऊ न जाँचिये जौ जिय जाँचिये जानकी जानहि रे।
जेहिं जाचत जाचकता जरिजाइ जो जारति जोर जहानहिं रे।
गति देखु विचारि विभीषन को अरु आनि हिये हनुमानहि रे।
तुलसी भजु दारिद दोष दवानल संकट कोटि कृपानहिं रे॥

तुलसी ने रामचरितमानस में भी बेसहारा इस सर्वहारा वर्ग का सामान्य संकेत किया है–

नहिं तोष विचार न सीतलता। सब जाति सुजाति भए मँगता।

पेट न भर पाने के बावजूद भी संतोषवृत्ति से जीवन-निर्वाह करने वालों की कमी हो गई है। छोटी-बड़ी सभी जातियों के लोग भिखमंगे बन गए हैं। बेसहारा वर्ग की यही पहचान है कि केवल भिक्षाटन ही उनके उदर पोषण का माध्यम है। यह बेसहारा वर्ग दरिद्र गृहस्थ के नीचे का तबका है–या खींचतान कर उसे भी इसमें सम्मिलित किया जा सकता है।

इस बेसहारा वर्ग की दूस.. विशेषता सर्वगुणहीनता है–

सब अंगहीन सब साधन बिहीन मन
बचन मलीन हीन कुल करतूति हौं॥
बुद्धि बलहीन भाव भगति विहीन हीन।
गुन ग्यानहीन हीन भाग हूँ विभूति हौं॥

भक्त की एक पहचान 'हीनता' भी है और इसी 'सर्वहीनता' के साथ वह श्रीराम के प्रति समर्पित होता है। तुलसी अपने को केन्द्र में रखकर एक ओर

भक्त के अहम् त्याग द्वारा श्रीराम के प्रति समर्पण की ओर संकेत करते हैं तो दूसरी ओर अपने को बेसहारा समाज की सीमा में ले जाते हैं। बेसहारा वर्ग की हीनता ही उसको नैसर्गिक रूप से अहन्ताहीन बनाए है और भिक्षाटन में इस अहन्ताहीन बेसहारा का 'अहम्' कहीं भी उजागर नहीं होता। बेसहारा 'जाति, सुजाति, कुजाति' निर्धन तथा धनी सबके सामने कुछ पा जाने की आकांक्षा से हाथ फैलाता है और श्रीराम की भक्ति द्वारा इस निर्धनता से मुक्ति का तुलसी उन्हें ढाँढ़स बँधाते हैं–

तब लौं मलीन हीन दीन दुख सपने न
जहाँ जहाँ दुखी जन भाजन कलेस को।
तब लौं उबेनो पाय फिरत पेटैं खलाय
बाये मुँह सहत पराभौ देस देस कौ।
तब लौं दयावनो दुसह दुख दारिद कौ
साँकरी कौ सोइबो ओढ़िबो झूने खेस कौ।
जब लौ भजैं जीह जानकी जीवन राम
राजन को रामराज सो तौ साहेब महेस कौ॥

नंगे पैर खाली पेट दिखाते हुए मुँह बाए देश-देश में माँगते समय अपमान सहने तथा असह्य दुःख दारिद्र्य झेलते हुए फटी कथरी बिछाकर तथा फटे-चिथड़ों को ओढ़कर जीवन व्यतीत करने वाले इस बेसहारा वर्ग को तुलसी अपने सो जोड़ते हैं।

मध्यकालीन समाज में बहुसंख्यक के गरीब होने के मूल कारण विदेशी लुटेरों द्वारा लूटपाट, सामयिक राजाओं द्वारा उचित व्यवस्था का अभाव, कृषि कार्य पर होने वाला जुल्म, प्राकृतिक आपदाओं का निरन्तर प्रभाव, रोगग्रस्तता आदि हैं। तुलसी ने कवितावली, मानस, दोहावली एवं विनयपत्रिका में इन स्थितियों की ओर बराबर संकेत किया है। मानस में वे कहते हैं–

कलि बारहिं बार दुकाल परै। अन्न बिना सब लोग मरैं।

रोगग्रस्त काशी का वर्णन करता हुआ कवि कहता है–

छ मुख गनेस ते महेस के पियारे लोग
बिकल बिलोकियत नगरी बिहाल की।
पुरी सुरबेलि केलि काटत किरात कलि
निठुर निहारिये उधारि दीठि भाल की॥

कवि महामारी से उत्पन्न लोक संकट का यथार्थ भरा हृदयविदारक रूप

रखकर उससे मुक्ति की श्रीराम से कामना करता है क्योंकि वह जानता है कि इसके अतिरिक्त अब उसके पास या लोक के पास कोई दूसरा साधन नहीं है–

संकर सहर सर नर नारी वारिचर
विकल सकल, महामारी माजा भई है।
उछरत उतरात हहरात मरिजात
भमरि भगात जलथल मीचु मई है।
देव न दयालु महिपाल न कृपालु चित
वाराणसी बाढ़ति अनीति नित नई है।
पाहि रघुराज पाहि कपिराज रामदूत
रामहू की बिगरी तुहीं सुधारि लई है॥

विश्वनगरी काशी सरोवर जैसी ही गई है–जिसके जल में विषभरी मज्जा व्याप्त है। इस विषमयी महामारी की मज्जा से संत्रस्त, संतप्त, मृत्यु के प्रति आसन्न, तड़पते हुए कोई पीड़ित उछल रहा है, कोई काँप रहा है, कोई गिरकर मर रहा है, कोई पागल होकर दौड़ रहा है–सम्पूर्ण सरोवर की जलस्थली–आसपास की भूमि स्थली लाशों से पट गई है और इस घिनौने, आतंकग्रस्त, मरणासन्न जन समुदाय की रक्षा के निमित्त न देवताओं की कृपा काम में आ रही है और राजाओं की कृपालुता ही और इस दुर्भिक्ष के संकट में सहायता की बात कौन करे? काशी में नित्य-नित्य अनीति, अन्याय एवं दुराचर की घटनाएँ बढ़ती जा रही हैं।

तुलसी के युग का बेसहारा वर्ग निश्चित रूप से इन दुर्दशाओं की देन है। जहाँ इन दैवी आपदाओं से मुक्ति के लिए सामुदायिक व्यवस्था एवं प्रशासन तैयार नहीं होता–अनीति और अत्याचार तो वहाँ बढ़ेंगे ही और विशेषकर अयोध्या एवं काशी जैसे सनातन व्यवस्था से जुड़े धार्मिक नगरों मे यह यथार्थ भरा अत्याचार अधिक था। तुलसी के युग में बेसहारा वर्ग को बनाने का श्रेय इन परिस्थितियों को अधिक है।

तुलसी स्वयं इसी बेसहारा वर्ग के अन्तर्गत अपने को स्वीकार करते हैं– अपने जीवन चरित से सम्बन्धित संदर्भों का जो वे उल्लेख करते हैं, वैसा निरादृत, भूखा, मर्माहत, द्वार-द्वार पेट दिखाकर भीख माँगने वाला, आश्रयहीन केवल उस युग का बेसहारा वर्ग ही मिलता है। इस बेसहारा वर्ग की चर्चा न ऊँचे वर्ग में की जाती है और न मध्यम वर्ग में वरन् दोनों वर्गों की तिरस्कृत कृपापात्रता पर वह जीवित रहता है–

नीच निरादर भाजन कादर कूकर टूकनि लागि ललाई।

× × ×

असन बसनहीन विषम विषादलीन देखि दीन दूबरो करै न हाय-हाय को॥

मध्यकाल का भारत विशेषकर तुलसी का युग प्रमुखतः अकबर एवं जहाँगीर का युग है। सामन्त वर्ग, वणिक वर्ग, छोटे-छोटे भूपति तथा भूमिपति एवं इनके सहयोगी प्रशासनिक कर्मचारी उच्च वर्ग के अन्तर्गत थे। इनका शौक शराब तथा औरत अर्थात् काम एवं भोग है। डॉ० उदय भानु सिंह ने तुलसी काव्य मीमांसा में साक्ष्यों के आधार पर बताया है कि–

'उनका असली उद्देश्य प्रजा पालन और प्रजा रंजन नहीं था। उन्होंने अपने साम्राज्य की स्थापना, निजी योगक्षेम और अपने भोग-विलास पर ध्यान दिया। शक्ति से जीतकर कितनी ही रूपवती कुमारियों को अंकशायिनी बनाया। इसका प्रमाण यह है कि अकबर के अन्तःपुर में पाँच हजार और जहाँगीर के हरम में तीन सौ युवतियाँ एकत्र की गई थीं। विलास के लिए धन चाहिए। वह प्रजा से ही उगाहा जा सकता था।''[3]

इसी के साथ दूसरा वर्ग वणिक एवं व्यवसायी था। वह उच्च वर्ग की आकांक्षाओं पर आश्रित था और उसकी सदैव कोशिश थी कि उच्च वर्ग उससे नाराज न हो। इसी के साथ कर्मकांडी तथा यजन-पूजन करने वाले पुरोहित, पंडे एवं अन्य ब्राह्मण तथा देवालयों के संरक्षक थे।

तीसरा वर्ग निम्न श्रेणी के बेसहारा का था। इस बेसहारा वर्ग का उल्लेख करते हुए तुलसी कहते हैं कि–

जे बरनाधम तेलि कुम्हारा। स्वपच किरात कोल कलवारा।
नारि मुई घर संपति नासी। मूड़ मुड़ाइ भये संन्यासी।

× × ×

खेती न किसान को भिखारी को न भीख बलि।
बनिक को बनिज न चाकर को चाकरी।
जीविकाविहीन लोग सीद्यमान सोच बस
एक कहै एकन सो कहाँ जाई का करी।

ऐसा युग जिसमें सम्पूर्ण कृषक, कामगर, कारीगर, पेशेवर जातियाँ, छोटे व्यापारी आदि का स्तर 'बेसहारा' वर्ग का था–और निराश तथा हताशा बेसहारा का सूत्र वाक्य था–''कहाँ जाई का करी''।

---

3. तुलसी काव्य मीमांसा, पृ०-188

भारत सामन्तवादी व्यवस्था का अस्थावादी देश है। पश्चिम के देशों से इसके बीच बड़ा ही अन्तर है। पश्चिम का 'सर्वहारा' वर्ग 'उत्पादन व्यवस्था' का आधार है और किसी क्षण अपने असहयोग से पूँजीपति को झुका सकता है किन्तु स्वश्रम अर्जित उत्पादन से जुड़ा भारत के इस 'बेसहारा वर्ग' का जीवन एवं उसका समग्र उत्पादन सम्पन्न वर्ग की कृपा पर है। सम्पत्ति का एकाधिकार भूपति के हाथ में था और शेष समग्र निम्न वर्ग उसके आश्रित थे। यहाँ समानता तथा समता जैसा कोई मानदंड न था—और था भी तो वह आध्यात्मिक नैतिकतावाद से जुड़ा हुआ। राज लक्षण में दान, कृपालुता, क्षमाशीलता, दया, अहिंसा, सत्य आदि को मूल धर्म इसलिए बताया गया था कि किसी भी तरह से राजा प्रजा का शोषण न कर सके। तुलसी राजा तथा प्रजा के बीच लक्षण निर्धारित करते हुए कहते हैं—

मुखिया मुख सो चाहिए खानपान महँ एक।
पालै पोसै सकल जग तुलसी सहित विवेक॥

राजा और बेसहारा प्रजा के बीच यह सम्बन्ध भारतीय परम्परा और इतिहास से सम्बद्ध है। तुलसी ऐसे युग में पैदा हुए थे कि राजा और प्रजा के बीच का यह सम्बन्ध दिनोंदिन टूट रहा था। तुलसी कवितावली में संकेत करते हैं कि—

काल कराल नृपाल कृपाल न राज समाज बड़ोई छली है।

प्रजा के साथ राजन्य वर्ग का यह छल एवं असहिष्णुता निश्चित ही उनके लिए नितान्त कष्टदायी है और उस प्रजा के पास तुलसी के अनुसार अब कोई विकल्प नहीं बचता है कि वे अपने संकट, संकट से मुक्ति के उपायों को किससे जाकर कहे, किन्तु भारतवर्ष में राजा से भी बड़ा एक शक्तिमान है—जो राजा, प्रजा, गरीब, अमीर, दुखी-सुखी, सबकी रक्षा करने वाला है। जैसा कि, कहा गया है, भारत एक आस्थावाली देश है और उसकी व्यवस्था पूँजीवादी व्यवस्था से भिन्न है। यहाँ निराश्रित, गृह तथा अन्नविहीन, नंगे, भूखे एवं असहाय के लिए ईश्वर को आधार बताया गया है। तुलसी के सब कुछ राम हैं और वे निराश्रित, सताए हुए, भूख से पीड़ित, गृहविहीन, वस्त्रहीन आदि से दंशित सम्पूर्ण जन समुदाय के लिए श्रीराम के आश्रम की खोज करते हैं, उनकी ओर सबको आकर्षित करते हैं, उन्हें गणिका, अजामिल, शबरी, गृद्ध, सुग्रीव, अंगद, हनुमान, विभीषण, अहल्या, स्वयं अपने ऊपर घटित संदर्भों आदि का उदाहरण देकर अशान्वित करते हैं कि श्रीराम के भजन, भक्ति, समर्पण, अनन्याश्रय एवं अनन्यनिष्ठा से सारा-का-सारा क्लेश समाप्त हो जाएगा। श्रीरामचरितमानस और रामनाम इस बेसहारा

वर्ग का सबसे बड़ा कवच है। श्रीराम की शरणागति ही इस विपन्नता से मुक्ति का एक मात्र साधन है–

पायो न केहिं गति पतित पावन रामभजु सुनु सठ मना।
गनिका अजामिल व्याघ गीध गजादि खल तारे घना।
आभीर जमन किरात खस स्वपचादि अति अघरूप जे।
कहि नाम बारेक तेपि पावन होंहि राम नमामि ते।।

श्रीराम की शरणागति ही विपन्न बेसहारा वर्ग की मुक्ति का सबसे बड़ा हथियार है, उनके इस संदेश को जनता ने सुना, माना तथा उसको अपने जीवन जीने का सबसे बड़ा आलम्बन बनाया। सम्पूर्ण समाज की रक्षा का यह रामनाम रूपी कवच आज तक भारतीय समाज के एक बहुत बड़े वर्ग की आशा एवं उसके विश्वास का आधार बना हुआ है। यह गोस्वामी तुलसीदास का हमारे गिरे हुए समाज में अस्तित्व के लिए एक विशिष्ट योगदान है।

❑

5.

तुलसी के सप्त प्रश्न और मानस रोग

प्रत्येक कालजयी कृति का, उसका अपना वृहत्तर सामाजिक मन्तव्य, उसकी स्थिरता का कारण बनता है, इसे कतिपय उदाहरणों के द्वारा स्पष्ट किया जा सकता है। कालिदास कृत 'रघुवंशम्' सामान्यता प्रतीत होता है कि वह किसी क्षत्रिय कुल का काव्यपरक वंशवर्णन है, ऐसा हो, तो भी, सम्पूर्ण महाकाव्य के पीछे एक मन्तव्य स्वयं वर्तमान है, वह है, कुल, शक्ति, सम्पत्ति एवं ऐश्वर्य की श्रेष्ठता आदि सब कुछ 'महाकाल' में समर्पित होकर अन्ततया उसी में विलीन हो जाते हैं। वाल्मीकि रामायण की काव्य चेतना के स्वर में भारतीय नैतिक शक्ति की श्रेष्ठता का संदर्भ निहित है। लोकमर्यादा की रक्षा के निमित्त आर्ष देव पुरुष अपने भौतिक कष्टों की उपेक्षा करते हुए आजीवन श्रेष्ठ मूल्यों के प्रति प्रतिबद्ध रहे हैं। वाल्मीकि के राम 'श्रेष्ठतम नैतिक मानवीय मूल्यों' के सर्वोच्च दृष्टान्त हैं। आधुनिक युग के महाकाव्यों में कामायनी जैसी कालजयी कृति को स्मरण किया जा सकता है—वर्तमान वैज्ञानिक युग में ज्ञान एवं चिन्तन की बढ़ती हुई मानवीय प्रतिबद्धता उसके जीवन में शान्ति एवं सन्तुलन नहीं स्थापित कर सकती जब तक कि भावनात्मक सन्तुलन से उसे मंडित न किया जाए। हमारे देश की ये तीन कालजयी कृतियाँ मानवीय जीवन तथा अस्तित्व से जुड़े मूलभूत प्रश्नों तथा समस्याओं का समाधन देती हैं। उनका यह समाधान केवल एक काल विशेष के लिए ही नहीं, वरन् सार्वभौम है। क्या इन्हीं कृतियों की भाँति गो० तुलसीदास कृत श्रीरामचरितमानस में भी इसी प्रकार का निखिल मानव जाति के लिए कोई कालजयी संकेत वर्तमान है? गोस्वामी तुलसीदास जी ने भी अपने युग के भय तथा व्यवस्था से पीड़ित लोकजीवन के लिए एक स्थायी सम्बल की खोज के प्रति अपनी सचेष्टता प्रगट की है और जिसे आज तक पूरी प्रतिबद्धता के साथ स्वीकार किया जाता है और भविष्य के लिए भी मानव जाति के लिए स्वीकार्य होगा—वह है, **प्राणिव्यापी सार्वभौम पीड़ा और**

उससे मुक्ति के उपाय। कवि ने जिस लोक पीड़ा की चर्चा की है, वह सनातन एवं सार्वकालिक हैं, सार्वदेशिक तथा सम्पूर्ण प्राणिगत हैं और उनसे मुक्ति की छटपटाहट प्रत्येक युग तथा प्रत्येक काल में मानव जाति मे देखी जाती है। क्योंकि पीड़ा से मुक्ति प्राप्त करना व्यक्ति की सनातन प्रतिबद्धता है और श्रीरामचरित मानस मानव जाति की उसी प्रतिबद्धता की स्थापना करता है? इन सात प्रश्नों के माध्यम से कवि न केवल भारतीय आध्यात्मिक संस्कृति की मान्यताओं को वरीयता देकर स्थापित करता है, वरन् मानव जाति की मूल प्रतिष्ठा की भी पुनर्व्याख्या करता है। ये सात प्रश्न इस प्रकार हैं–

1. सबसे दुलर्भ शरीर कौन-सा है?
2. सबसे बड़ा दु:ख क्या है?
3. मानव समाज के लिए सबसे बड़ा सुख क्या है?
4. सन्त-असन्त का स्वभाव क्या है?
5. श्रुतियों में प्रसिद्ध सबसे बड़ा पुण्य किसे कहा गया है?
6. परम प्रचंड पाप कौन-सा है?
7. मानस रोग क्या हैं?

इन प्रश्नों में प्रथम और अन्तिम प्रश्न अकेले हैं–शेष प्रश्न मानवीय जीवन की समस्याओं के सापेक्षिक रूप हैं–जैसे मानव जाति के लिए सुख एवं दु:ख, सन्त-असन्त का स्वभाव एवं उनकी पहचान, पाप-पुण्य का स्वरूप। इस प्रकार कवि समाज से जुड़े इन महत्त्वपूर्ण प्रश्नों को सामने रखकर उनका समाधान प्रस्तुत करता है और कोशिश करता है कि इनके समाधान द्वारा समाज भले-बुरे की पहचान करके श्रेष्ठ तत्त्वों के साथ संयुक्त जीवन-यापन करे। ऊपर के प्रश्नों के क्रमश: उत्तर इस प्रकार हैं–

1. नर तन राम नहिं कवनऊ देही–तुलसी अन्य स्थलों पर भी इस तथ्य को स्वीकृति देते हैं कि मानव देह सर्वथा दुर्लभ है। महाभारत की भी यही मान्यता रही है कि मनुष्य से श्रेष्ठ कोई शरीर नहीं है। शंकराचार्य इसको स्वीकृति देते हुए कहते हैं कि–

दुर्लभं भयमवैतद्देवानुग्रह हेतुकम्।
मनुष्यत्वं मुमुक्षत्वं महापुरुषसंश्रयः।

इस मृत्यलोक में तीन दुर्लभ तत्त्व हैं–

(1) मनुष्यत्व, (2) मोक्ष कामना, (3) महापुरुषों का सत्संग

मानव सर्वश्रेष्ठ है क्योंकि सम्पूर्ण जगत उसके लिए साधन है और वह उनका साध्य है। सृष्टि की समग्रता उसके लिए साधन है और समग्र सृष्टि के

पदार्थ, ज्ञान, विज्ञान सभी कुछ उसी के लिए लक्ष्यभूत हैं। वह समग्र सृष्टि का भोक्ता, ज्ञाता तथा नियंत्रक है। मनुष्य की सर्वश्रेष्ठता की अवधारणा भारतीय संस्कृति का मूल धर्म है और कवि बिना किसी संकोच के उसकी स्वीकृति भुशुंडि एवं गरुण संवाद द्वारा रखता है। इस प्रथम प्रश्न का औचित्य यह है कि यदि मनुष्य नहीं है तो फिर अन्य अवशिष्ट तत्त्वों का कोई सापेक्षिक तथा वैकल्पिक महत्त्व ही नहीं है। बिना मानव जाति के इस भौतिक सृष्टि के होने का कोई अर्थ भी नहीं है क्योंकि सृष्टि की सापेक्षिक या वैकल्पिक उपयोगिता का आकलन मानव के अस्तित्व द्वारा ही किया जाता है।

2. सबसे बड़ा दुःख क्या है?–गोस्वामी तुलसीदास पहले प्रश्न को 'मानव' से जोड़ते हैं और फिर उसके अस्तित्व एवं शरीर रक्षण की अनिवार्यता पर बल बल देते हैं। बिना सम्पत्ति या अर्थ साधन के शरीर की रक्षा नहीं हो सकती है, अतः वे शरीर से जोड़कर ही इस दूसरे प्रश्न का उत्तर देते हैं–

''नहीं दरिद्र सम दुख जगमाहीं।''

संसार में दरिद्रता से बड़ा कोई दुःख नहीं है। देव, यज्ञ, गन्धव, किन्नरादि योनियों से श्रेष्ठ मानव योनि है। सभी मानव होने के लिए लालायित होते रहते हैं–किन्तु मानव योनि पाकर भी यदि व्यक्ति साधनहीन दरिद्र ही रहा तो उसका सम्पूर्ण जीवन संकटापन्न हो उठता है। स्वयं तुलसी अपने भोगे हुए कष्टों को जैसे इस समस्या से जोड़ देते हैं–

अहो नु कष्टं सततं प्रवासस्ततोऽतिकष्टः परमेहवासः।
कष्टाधिकानीचजनस्य सेवा ततोऽति कष्टा धनहीनता च॥

गृहस्थ एवं संन्यासी दोनों के लिए न्युनतम साधनों की दृष्टि से अर्थ अपेक्षित है और साधनहीनता यद्यपि संन्यासी को देर से प्रभावित करती है किन्तु करती अवश्य है। शरीर रक्षण के लिए न्यूनतम आवश्यकता के लिए भी साधन अपेक्षित है–अतः विषय विमुख एवं विषयरत दोनों के लिए साधन अपेक्षित है। यद्यपि विषयविमुख साधन के अभाव में अपने लक्ष्य से भ्रष्ट नहीं होता–क्योंकि उसका सुख धन सम्पत्ति की प्राप्ति नहीं–सन्त समागम है किन्तु सामान्य गृहस्थ का सुख साधनों की प्राप्ति एवं उसका उपभोग है।

3. सबसे बड़ा सुख क्या है?–कवि मानव अस्तित्व की सत्यता की श्रेष्ठता के बाद उसके अस्तित्व के लिए अर्थ की उपलब्धता को अस्तित्व होने का आधार मानता है क्योंकि धन के द्वारा आत्यन्तिक सुख की प्राप्ति नहीं होती। समाज आज दो वर्गों में विभक्त है–आर्थिक दृष्टि से सम्पन्न

समाज एवं नैतिक या आधात्मिक दृष्ठि से सम्पन्न समाज। कवि दोनों में यहाँ दूसरे समाज का चयन करके कहता है कि 'सन्तमिलन' ही उनके लिए सबसे बड़ा सुख है। सन्त का अर्थ है, नैतिक मूल्यों की मर्यादा को निरन्तर स्थिर करने के प्रति प्रयत्नशील संयमित व्यक्ति और इस प्रकार तुलसी धन से प्राप्त होने वाले सुख की उपेक्षा करके सम्पूर्ण मानव समाज का मुख आध्यात्मिकता की ओर मोड़ देते हैं। 'अर्थ मिलन' सुख नहीं 'सन्त मिलन' सुख है। पश्चिम में भौतिक और भारतीय आध्यात्मिक समाज के बीच अन्तर यही है कि भारत शान्ति एवं सुख की स्थायी खोज आत्मशक्ति में करता है और पश्चिम भोग में।

4. सन्त-असन्त का मर्म क्या है?–कवि 'सन्त' की ओर समाज को मोड़कर उसकी विशिष्ट पहचान की ओर ध्यान आकर्षित करता है। सन्त कौन हैं? और कौन सन्त नहीं–असन्त हैं? इनकी प्रतीति के लिए वह समाज की अतिविशिष्टता की ओर ध्यान आकर्षित कराता है। सन्त वह है, जो समाज की रक्षा के लिए अनेकानेक कष्टों को सहन करता हुआ भी सुखी है, कष्ट सहता हुआ भी नैतिकता से विचलित नहीं होता है। राम, कृष्ण, बुद्ध स्वयं तुलसी आदि सन्त हैं जिन्होंने व्यापक मानव मूल्यों की स्थापना के लिए अनेक संकटों को झेला है। वे अपने वैयक्तिक कष्टों की तिलांजलि देकर लोकहित में निरन्तर तत्पर रहे हैं किन्तु उसके विपरीत असन्त समाज के लोक समुदाय को निरन्तर अपने कर्मों द्वारा निहित स्वार्थ तथा भोग से प्राप्त सुख के लिए कष्ट देते रहते हैं। सन्त-असन्त के लिए कवि दृष्टान्तों को सामने रखता है–भोजपत्र एवं सन (सनई) का। भोजपत्र खाल खिंचवा कर उससे समाज को सुगन्धित करने के लिए गुग्गुल (हवन सामग्री) देता है और 'सन' भी भीगकर अपनी खाल खिंचवाता है, रस्सी बनाने के लिए–जो लोक का बन्धन बनता है। सन्त लोकहित के लिए जहाँ जीवन समर्पित करता है, वहीं असन्त मृत्यु के बाद भी लोक-विघ्न का कारण बन जाता है। सन्त का मिलन इसीलिए सुखकर है, क्योंकि वह अन्त तक मानव मंगल के लिए प्रतिबद्ध है। वह समाज व्यवस्था का आत्यन्तिक हेतु है।

5. सबसे बड़ा पुण्य क्या है?–'अहिंसा' सबसे बड़ा पुण्य है। अहिंसा के अनेक रूप हैं–मानसिक, वाचिक एवं कर्मगत–तीनों प्रकार की हिंसा सामाजिक व्यवस्था को तोड़ती है और हिंसक एवं हिंस्य दोनों की अशान्ति का कारण बनती है। चित्त को पीड़ित करने से लेकर रक्तपात तक की हिंसा के अनेक रूप समाज में दृष्टिगत होते हैं और उनसे मुक्ति के बाद ही समाज का मन स्वस्थ होता है, इसीलिए कवि इस अहिंसा को सबसे बड़ा धर्म एवं

पुण्य कहता है। सन्त का स्वभाव अहिंसा से जुड़कर सामाजिक शान्ति रचना का कारण बनता है।

6. निन्दा के समान कोई पाप नहीं है–लोक व्यवस्था को तोड़ने वाली प्रवृत्ति का सम्बन्ध निन्दा से है। कवि निन्दा के आचरण से टूटने वाले मूल्यों की चर्चा करके उन्हें बचाने के लिए संकेत करता है। शिव, गुरु, द्विज, देवता, श्रुति, सन्त ये समाज के विशिष्ट तत्त्व हैं और उसके अनुसार इनसे समाज को परस्पर जोड़ा जाता है। निंदक समाज जोड़ता नहीं, तोड़ता है और समाज को तोड़ने वाला व्यक्ति निश्चित ही अधम एवं त्याज्य है।

इस प्रकार, कवि क्रमशः समाज की स्थायी तथा स्थिर रचना के संदर्भ में इन छः तत्त्वों को एक साथ रखकर अन्तिम प्रश्न 'मानस रोग' को विशेष रूप से प्रस्तुत करता है–

7. मानस रोग–मानव समाज उपर्युक्तः छः शुभ मूल्यों से संयुक्त होते हुए भी अन्ततया मानस रोग से आक्रान्त हो उठता है। मानस रोग की अवधारणा सार्वभौम है और इनसे मुक्ति प्राप्त करना मनुष्य में ईश्वरत्व का प्रवेश है। श्रीरामचरितमानस में श्रीराम, भरत एवं हनुमान को छोड़कर सभी पात्र मानस रोग से ग्रस्त हैं। मानस रोग का अर्थ है, चित्तात्मक वासनाओं का आवरण और सम्पूर्ण सृष्टि या समग्र जीव इस वासनात्मक आवरण से ढका है। सर्वाधिक रोगी आसुरिक वृत्ति के जन हैं–रावण, कुंभकर्ण, मेघनाद एवं अन्य राक्षस वर्ग–इनमें विभीषण की वृत्ति अपेक्षाकृत ठीक है। पुरुष पात्रों में श्रीराम, भरत तथा हनुमान को छोड़कर मानस के समस्त पात्र मानस रोग से ग्रस्त हैं। देवताओं में इन्द्र एवं अन्य देवगणों को भी मानस रोग की छाया दबाए हुए है, वानरों में हनुमान को छोड़कर सभी मानस रोग ग्रस्त हैं। मानस रोगों की सूची कवि इस प्रकार देता है–मोह, काम, लोभ, क्रोध, विषयाकांक्षा, ममता, ईर्ष्या, हर्ष-विषाद, दूसरे के सुख को देखकर पीड़ित होना, कुटिलता, अहंकार, दंभ, मद, तृष्णा, ऐषणाएँ, मात्सर्य, अविवेक आदि मानस रोग हैं। भारतीय संस्कृति का सम्पूर्ण ऋषि कर्म इन्हीं से जीवन भर संघर्ष करता रहा है और इनसे मुक्ति पाने वाला सत्त्वस्थ शायद ही कोई विरला हो। गीता का अनासक्ति योग का संदर्भ इसी मानस रोग से जुड़ा है और यही भारतीय संस्कृति की पहचान है। ईश्वरत्व के समीप स्थित व्यक्तित्व ही मानस रोगों से मुक्त व्यक्तित्व समझा जा सकता है। ये वासनाएँ ही मानव जीवन की भौतिक एषणाएँ हैं और इन एषणाओं से मुक्ति ही भारतीय अस्मिता की पहचान है। राम और कृष्ण दोनों इसके प्रतीक हैं। लोक में रहते हुए भी लोकसंसक्ति से मुक्ति यही जीवन जीने का भारतीय सिद्धान्त है। भारतीय चिन्तक जीवन में

दर्शक बनकर जीता है, पात्र बनकर नहीं–

एहिं जड़ जंगम जागहिं जोगी। परमारथी प्रपंच वियोगी।
मोह निसा अस सोवनि हारा। देखहि सपन अनेक प्रकारा॥

जनक एवं महात्मा बुद्ध इसी श्रेणी के अन्तर्गत रखे जाते हैं। मानस में कवि भरत एवं हनुमत चरित्र के माध्यम से अनासक्ति योग से मंडित भक्ति की स्थापना करता है। मानस-रोग से मुक्ति ही लोक में ईश्वरत्व का प्रतीक है। श्रीरामचरितमानस का लक्ष्य श्रीराम भक्ति द्वारा मानव समाज को मानस रोग से मुक्त करना ही है–राग, द्वेष, मोह आदि को श्रीराम में समर्पित करके उनमें आत्मभूत होना ही भक्ति है और सम्पूर्ण मानस की कथा तथा समूचे पात्र यहाँ इसी निष्ठा से जुड़े हैं।

कवि मानस रोग की औषधि का उल्लेख करते हुए कहता है–

विषय कुपथ्य पाइ अंकुरे। मुनिहुँ हृदय का नर बापुरे॥
राम कृपा नासहिं सब रोगा। जौ इहिं भाँति बनै संजोगा॥
सदगुरु बैद बचन विस्वासा। संजम यह न विषै के आसा॥
रघुपति भगति सजीवनि मूरी। अनूपान श्रद्धा गति पूरी॥
एहिं विधि भलेहिं सो रोग नसाहीं। नाहिं त जतन कोटि नहीं जाहीं॥
जानिअ तब मन विरुज गोसाईं। जब डर बल विराग अधिकाई॥

श्रीराम की कृपा ही समस्त मानस रोगों से मुक्ति का हेतु है और उनकी यह कृपा उनकी भक्ति से ही सम्भव है–

सिव अज शुक सनकादिक नारद। जे मुनि ब्रह्म विचार विसारद॥
सब कर मत खग नायक एहा। करिअ राम पद पंकज नेहा॥
श्रुति पुरान सब ग्रंथ कहाहीं। रघुपति भगति बिना सुख नाँहीं॥
विनिश्चितं वदामि ते न अन्यथा वचांसि मे।
हरिंनरा भजन्ति येऽतिदुस्तरं तरन्ति ते॥

यह मानस रोग अथाह समुद्र की भाँति दुस्तर है और श्रीहरि कृपा के अतिरिक्त इससे पार होने का अन्य कोई माध्यम नहीं है और श्रीहरिकृपा की प्राप्ति के लिए एकमात्र आलम्बन है, भक्तिपूर्वक श्रीराम के प्रति अनन्य भाव से संसक्तिरहित सर्मपण। इस प्रकार, तुलसी श्रीरामचरितमानस के द्वारा श्रीराम के प्रति संसक्ति रहित भक्ति का मंत्र स्थापित करते हैं। सम्पूर्ण श्रीरामकथा के द्वारा उनका लक्ष्य यही है कि लौकिक वासनाओं के मोह से मुक्त होकर मानव श्रीराम के प्रति समर्पित हो। लोक में रहकर भी लोक वासनाओं से

मुक्ति ली जा सकती है और इनसे सर्वथा मुक्त होकर ऋषि कर्म द्वारा प्रभु की भक्ति वरेण्य है। लोक जीवन एवं ऋषि जीवन दोनों दशाओं में श्रीराम के प्रति सर्वथा समर्पित भाव से जीवन का निर्वाह मानव की मुक्ति का हेतु है। लोक जीवन के लिए भरत की भक्ति दृष्टान्त है और ऋषि जीवन के लिए हनुमान की भक्ति।

आज मानव जीवन अपने वैयक्तिक राग-द्वेष से ग्रस्त होकर अपने स्वार्थों के लिए मूल्यों को निर्धारित कर रहा है। जीवन मानव जाति के हितों के लिए एक माध्यम है—कवि इस संदर्भ द्वारा स्वार्थों से मंडित जीवन मूल्यों का त्याग करके दूसरों के कल्याण के लिए समर्पित होना उसका लक्ष्य बताता है। तुलसी की सम्पूर्ण रामकथा मूल्य-भावना से सर्वतोभावेन मंडित है।

❑

6.

तुलसी का रामराज्य

रामराज्य की अवधारणा एक श्रेष्ठ उत्तम तथा आदर्श राज्य की अवधारणा है। यद्यपि राज्य की यह अवधारणा राजा तथा प्रजा के सम्बन्धों के बीच संचालित सामन्तवादी व्यवस्था से सम्बद्ध है किन्तु यहाँ सब कुछ प्रजा सापेक्ष्य है, सामंतवाद सापेक्ष नहीं। वैदिक ऋषियों द्वारा निर्मित वर्णव्यवस्था और राजा के द्वारा उस वर्णव्यवस्था के अनुकूल प्रजा के हितों को ध्यान में रखकर उसका अनुपालन भारतीय राज्य व्यवस्था का मुख्य तत्त्व है। राजा तथा प्रजा के बीच स्थित पारस्परिक व्यवस्था निर्माण का संदर्भ इस तंत्र का मूल आधार है। भारतीय संस्कृति में ब्राह्मण ग्रंथों, स्मृतियों, महाभारत तथा पुराण ग्रंथों में आदर्श राज्य व्यवस्था के अनेक साक्ष्य मिलते हैं। रामकथा भारतीय संस्कृति के मूलादर्शों के आदिम स्रोतों से जुड़ी हुई है, अत: कवियों ने इसके आधार पर आदर्श राज्य के विशिष्ट तत्त्वों की बार-बार चर्चा की है। वाल्मीकि रामायण, अध्यात्म रामायण, भागवत पुराण एवं रामचरितमानस में राम के आदर्श राज्य के महत्त्वपूर्ण संदर्भों का उल्लेख मिलता है।

वाल्मीकि रामायण में रामराज्य का संक्षिप्त उल्लेख है। लगभग 12 श्लोकों में कवि राजा के विहित श्रेष्ठ कर्मों का उल्लेख करता हुआ प्रजा की स्थिति पर प्रकाश डालता है। कवि के अनुसार–''रामराज्य में कभी विधवाओं का विलाप नहीं सुनाई पड़ता था–दुष्ट जन्तुओं का भय तथा रोगों की आशंका नहीं थी। कहीं भी चोरों तथा लुटेरों का नाम नहीं था–बूढ़ों को बालकों के मृत्यु संस्कार नहीं करने पड़ते थे–

रामो रामो राम इति प्रजानाम भवन्कथा।
रामभूतं जगदभूद् रामे राज्यं प्रशासति॥
ब्राह्मण क्षत्रिय वैश्या: शूद्रा लोभ विवर्जिता:
स्वकर्मसु प्रवर्तन्ते तुष्टा स्वैरेव कर्ममि:॥
आसन् प्रजा धर्म परा राशासति नानृता:॥
सर्वेलक्षण सम्पन्ना: सर्वे धर्म परायणा:॥

"प्रजा निरन्तर प्रत्येक कार्य में श्रीराम का स्मरण करती थी और सम्पूर्ण राज्य राममय हो चुका था। लोभ रहित ब्राह्मण, क्षत्रिय, वैश्य, शूद्र अपने वर्णानुसार कर्मों में ही प्रवृत्त थे। समस्त प्रजा धर्म में तत्पर रहती थी। वह कभी झूठ नहीं बोलती थी, सभी उच्चतम लक्षणों से सम्पन्न होते थे और सभी धर्मपरायण थे।" वाल्मीकि ने अत्यन्त संक्षेप में प्रजा वर्ग के आचरण, राजा के सत्कर्म एवं परस्पर दोनों के रिश्तों का संक्षेप में उल्लेख किया है। **अध्यात्म रामायण** में तो यह प्रसंग और भी संक्षिप्त है, केवल दो श्लोकों में। यहाँ वाल्मीकि रामायण की प्रायः पुनरावृत्ति मात्र है। युगीन परिस्थिति के संदर्भ में थोड़ा-सा संकेत अवश्य है–

राम पूजापराः सर्वे राघव चिन्तकाः॥
ववर्षुजलदास्तोयं यथाकालं यथा रुचिः।
प्रजाः स्वधर्म निरता वर्णाश्रमगुणान्विताः॥

"सभी श्रीराम की सर्वत्र एवं सर्वथा चिन्ता करते रहते थे। साथ ही, प्रजा की रुचि एवं इच्छा के अनुसार जल वर्षा होती थी और प्रजा वर्ण एवं आश्रम-व्यवस्था के अनुरूप आचरण करती थी।" शेष तथ्य, यहाँ वाल्मीकि रामायण के ही हैं।

भागवत पुराण के अन्तर्गत छः श्लोकों में रामराज्य का वर्णन है।[1] राजा और प्रजा के आन्तरिक एवं उनके बीच निहित नैतिक मान्यताओं को कवि रामराज्य का आधार बताता है–

प्रजा स्वधर्म निरता वर्णाश्रमगुणान्विता।
जुगोप पितृवत् रामो मेनिरे पितरं च तम्॥
त्रेतायां वर्तमानायां काल कृत समोऽभवत्।
रामे राजनि धर्मज्ञे सर्वभूत सुखावहे।
वनानिनद्यो गिरयो वर्षाणि द्वीप सिन्धवः।
सर्वे कामदुधा आसन प्रजानां भारतर्षभ॥
नाधिकाधिजराग्लानिदुःख शोक भयक्लमाः।
मृत्युश्चानिच्छतां नासीद् रामेराजन्य धोक्षजे॥
नाधिकाधिजराग्लानिदुःखशोक भयक्लमाः।
मृत्युश्चामिच्छतां नासीद् रामेराजन्य धोक्षजे॥

1. भागवत पुराण, नवमस्कन्ध, 51 से 56 तक

एक पत्नीव्रतधरो राजर्षिः चरितः शुचिः।
स्वधर्मं गृहमेधीयं शिक्षयन् स्वयमाचरत्।
प्रेम्णानुवृत्या शीलेन प्रश्रुयावनता सती।
धिया ह्रिया च भावज्ञा भर्तुः सीलहरन्मनः॥

इसके बाद अपने धर्म में लीन तथा वर्णाश्रम के आचार को निभाने वाली प्रजा का पिता के समान पालन करने लगे।। 51 ॥

हे परीक्षित! जब समस्त प्राणियों को सुख देने वाले परम धर्मज्ञ श्रीराम राजा हुए तब था तो उस समय त्रेता युग, परन्तु मालूम होता था यानी सतयुग है। वन, नदी, पर्वत, वर्ष-द्वीप और समुद्र सब-के-सब प्रजा के लिए कामधेनु के समान समस्त कामनाओं को पूर्ण करने वाले बन रहे थे।

इन्द्रियातीत भगवान श्रीराम के राज्य करते समय किसी को मानसिक चिन्ता या शारीरिक रोग नहीं होते थे। बुढ़ापा, दुर्बलता, दु:ख, शोक, भय और थकावट नाम मात्र के लिए भी नहीं थे। यहाँ तक कि जो मरना नहीं चाहते थे, उनकी मृत्यु नहीं होती थी।

भगवान् श्रीराम ने एक पत्नी का व्रत धारण कर रखा था। उनके चरित्र आत्यन्त पवित्र एवं राजर्षियों के से थे। वे गृहस्थोचित् स्वधर्म की शिक्षा देने के लिए उस धर्म का आचरण करते थे।

सती शिरोमणि सीता जी अपने पति के हृदय का भाव जानती रहतीं, वे प्रेम से, सेवा से, शील से, अत्यन्त विनय तथा अपनी बुद्धि और लज्जा आदि गुणों से पति भगवान् श्रीराम का चित्त चुराती रहती थीं।। 56 ॥

श्रीराम कथा के साथ आदर्श राज्य की परिकल्पना वाल्मीकि रामायण से ही मिलने लगती है। अध्यात्म एवं भागवत पुराण के साक्ष्य आठवीं शती के हैं—वाल्मीकि रामायण का सम्बन्ध चौथी शती ई० पू० का है। कहने का तात्पर्य यह कि भारतीय मूल्यों एवं मानों के निर्धारण की परम्परा हजारों वर्ष पहले से चली आ रही है। 17वीं शती के तुलसीकृत रामचरितमानस का साक्ष्य सामने रखने पर रामराज्य की परम्परा दो हजार वर्षों से जुड़ी दिखाई पड़ती है। भारतीय नैतिक मानों एवं मूल्यों का यह लोक समृद्ध व्यवहार-परम्परा काल प्रवाह के परिवर्तनों में टूटी नहीं, यह एक आश्चर्य की बात है। पश्चिमी देशों में इसी प्रकार 'यूटोपिया' के राज्य प्रकण की चर्चा 'अरस्तू' करते हैं। 'यूटोपिया' शब्द का अर्थ बताया गया है–"जो पहले घटित नहीं हुआ है।" दूसरे शब्दों में ऐसी आदर्श राज्य व्यवस्था जो कभी भी व्यावहारिक जगत में घटित नहीं हुई है किन्तु कल्पना के द्वारा उसके संदर्भों

का श्रेष्ठतम आदर्शमूलकविधान बनाया जा सकता है। भारतीय व्यवस्था में महाभारत, स्मृति एवं पुराण साहित्य में श्रेष्ठतम आदर्शमूलक राज्यविधान की चर्चा मिलती है किन्तु वह कल्पना मात्र नहीं है। यूटोपिया की चर्चा दिवास्वप्न एवं अतिशय सुन्दर कल्पना से सम्बद्ध है। रामराज्य भारतीय वर्ण व्यवस्था, आश्रम व्यवस्था, वैदिक सनातनवाद एवं धर्मनिष्ठा से सम्बद्ध राज्य व्यवस्था का नितान्त व्यावहारिक तथा मानव जाति की रक्षा, उसके सुखपूर्वक जीवन जीने का सर्वग्राही सन्दर्भ है—जहाँ केवल राजा-प्रजा के भौतिक सामंजस्य की ही चर्चा नहीं मिलती अपितु दोनों के द्वारा किए गए श्रेष्ठतम आचरण में श्रेष्ठ एवं शुभ तत्त्वों की व्यापक मीमांसा दिखाई पड़ती है।

तुलसी की राज्य अवधारणा के दो रूप हैं—प्रथम निषेधात्मक एवं द्वितीय स्वीकारात्मक या भावात्मक। निषेधात्मक रूप मानवीय क्षुद्रताओं एवं पीड़ा की मुक्ति से सम्बद्ध है और स्वीकारात्मक या भावात्मक तत्त्व वृहत मूल्यों की प्रतिष्ठा से। उदाहरण के लिए इनसे जुड़े संदर्भों से स्पष्ट किया जा सकता है—

अल्पमृत्यु नहिं कवनउ पीरा। सब सुंदर सब निरुज सरीरा॥
नहिं दरिद्र कोउ दुखी न दीना। नहिं कोउ अबुध न लच्छनहीना॥

'तुलसी अपने युग संदर्भ के कष्ट निषेधात्मक मूल्यों द्वारा इंगित करते हैं—पीड़ा से रोते, अल्पमृत्यु, दरिद्रता, दु:ख, दीनता से क्लान्त लक्षण हीन, मूर्ख बिना पढ़ा लिखा समाज'। ठीक रामराज्य में निषेध व्यवस्था के प्रतिकूल तुलसी रामराज्य की स्वीकारात्मक व्यवस्था की चर्चा करते हैं।

रामराज कर सुख संपदा। बरनि न सकइ फनीस सारदा॥
सब उदार सब पर उपकारी। विप्र चरन सेवक नर नारी॥
एक नारि व्रत रत सब झारी। ते मन बच क्रम पति हितकारी॥

उपकार करने वाले, प्रत्येक प्रकार से उदार, ब्राह्मणों के प्रति आदर एवं निष्ठा रखने वाली प्रजा तथा एक नारिव्रत पुरुष और मन, वाणी एवं कर्म से पति का हित चाहने वाली स्त्रियाँ—ये वर्ण, आश्रम तथा सनातन धर्म व्यवस्था से जुड़े मूल्य हैं। तुलसी अपने युग की अराजकता को भी व्यंजनाओं के माध्यम से रामराज्य के अन्तर्गत इंगित करते हैं।

भारतीय परम्परा में सामान्य रूप से राजा का धर्म है, प्रजा को पीड़ा से मुक्त करना। शत्रु, उत्पीड़क, चोर, दस्यु एवं विदेशी आतंक से जुड़े युयुत्सु दुराचारियों से प्रजा को मुक्त करने की बात वाल्मीकि रामायण से ही मिलती है। दस्यु के भय से प्रजा को निरन्तर मुक्त रखना श्रेष्ठ राजा का लक्षण है और रामराज्य के अन्तर्गत इनसे मुक्त रखने की चर्चा की गई है।

तुलसी परम्परा की वर्णाश्रम व्यवस्था पर बल देते हैं—भारतीय संस्कृति के अन्तर्गत यह व्यवस्था सनातन काल से चली आ रही थी। स्मृतियों ने वर्णव्यवस्था एवं सामाजिक रचना के लिए तदनुकूल आचरण व्यवस्था का समाज में एक कर्मभेद निर्धारित किया था। यह व्यवस्था वर्तमान समाज रचना के अन्तर्गत स्वीकृत नहीं है, फिर भी, आज तक इसका अस्तित्व बना हुआ है। तुलसी युग में यह व्यवस्था अपनी मर्यादा के अनुरूप स्वीकृत एवं चर्चित, भले ही हो किन्तु इसका स्वरूप विकृत रहा है—

बरनाश्रम निज निज धरम निरत वेदपथ लोग।
चलहिं सदा पावहिं सुखहिं नहिं भय सोक न रोग॥

आश्रम व्यवस्था के अन्तर्गत—ब्रह्मचर्य, गृहस्थ, वानप्रस्थ एवं राज्य तथा वर्ण व्यवस्था के अन्तर्गत ब्राह्मण, क्षत्रिय, वैश्य, शूद्र स्वधर्म में निरत आनन्दित थे।

भारतीय कृषि व्यवस्था एवं वन सम्पदा यहाँ के निवासियों के जीवन निर्वाह के लिए प्राकृतिक आधार हैं। भौगोलिक व्यवस्था के अन्तर्गत ऋतुओं का आगमन एवं उनसे सम्बन्धित उपयोग सामग्रियों की उपलब्धता मात्र से सम्बद्ध आधार बताए गए हैं। रामराज्य में जीवन निर्वाह के समग्र प्राकृतिक साधन सुलभ थे—यह श्रीराम के प्रताप एवं प्रभाव का प्रतिफल था—

फूलहिं फलहिं सदा गिरि कानन। रहहिं एक संग गज पंचानन॥
लता विटप मांगे मधु चवहीं। मनभावतो धेनु पय स्त्रवहीं॥
विधु महिं पूर मयूखन्हि रवि तप जेतनहिं काज।
मांगे बारिद देहिं जल रामचंद्र के राज॥

प्रकृति की विषमता का कष्टकारी रूप रामराज्य के अन्तर्गत प्राप्त नहीं था।

रामराज्य की निर्मल-जनहितैषिता से जुड़ी व्यवस्था का मूलाधार धर्म था। धर्म के चार चरण हैं—सत्य, तप, दया तथा दान। भारतीय संदर्भ में धर्म को इन चार चरणों का वृषभ कहा गया है—राम राज्य, सत्य युग में नहीं त्रेता में घटित हुआ था और धर्म यहाँ चारों चरणों से संयुक्त था—

चारिउ चरन धर्म जग मांही। पूरि रहा सपनेहुँ अघ नाहीं॥
दैहिक वैदिक भौतिक तापा। रामराज नहिं काहुहिं व्यापा॥

सामान्यतया मीमांसा को कर्म सिद्धान्त के अन्तर्गत स्वीकार किया जाता है। व्यक्ति निरन्तर काल, कर्म एवं गुण से उत्पन्न परिणामों का भोग करता

रहता है और यह दशा एक शाश्वत् तथ्य है। रामराज्य में मानव जाति का यह नैसर्गिक संकट भी समाप्त प्राय था–

राम राज नभगेस सुनु सचराचर जग मांहिं।
काल कर्म सुभाव गुन कृत दुख काहुहिं नांहिं॥

गोस्वामी तुलसीदास काल, कर्म, गुण तथा स्वभाव से उत्पन्न नैसर्गिक मानव संकट की इस युग में समाप्ति की बात कहते हैं। सर्वथा, मानव जाति के प्रति सर्वभाव से कल्याणकारी शासन व्यवस्था–जो अब तक भारतीय नीति दर्शन एवं सामाजिक तंत्र के लिए आधार बना हुआ है–वर्तमान युग में महात्मा गाँधी तथा राममनोहर लोहिया जैसे चिन्तक लोकतंत्र के लिए 'रामराज्य' की बात आज के अनुरूप करते हैं। शासक एवं लोक, लोक जीवन के पारस्परिक सम्बन्धों, प्रकृति एवं मानव जीवन के सम्बन्धों, वन्य सम्पदा तथा उसका मानवीय हित में उपयोग–सम्पत्ति, शिक्षा, निर्धनता मुक्ति, पीड़ा-संकट रहित जीवन, समुचित शिक्षा एवं सम्पत्ति, सुख एवं शासन में सबकी बराबर भागीदारी राष्ट्रीय विकास में लोक की संयुक्त चेतना–ऐसे कितने तत्त्व रामराज्य के हैं, जो आदर्श राज्य व्यवस्था के लिए सदा-सदा के लिए आधार हैं।

भारतीय संस्कृति की सबसे महत्त्वपूर्ण विशेषता है, आस्थावाद, अध्यात्मवाद एवं मानव अस्तित्व एवं रक्षण के लिए सनातन मूल्यों की स्थापना। मनुष्य जाति प्रकृति की एक सनातन व्यवस्था है और उसकी अपनी नैसर्गिक एवं सनातन व्यवस्थाएँ हैं। मानवीय अस्तित्व का मूलाधार है–जीवन रक्षा और इस जीवन रक्षण के लिए जीवन रक्षक भोज्य पदार्थों की खोज एवं सामूहिक स्तर पर परस्पर मिल-जुलकर जीवन-यापन करने की निष्ठा अपेक्षित है। हम यहाँ जिसे सनातन मूल्य कहते हैं, उनका सम्बन्ध लोक परम्परावाद से है। कर्म, नैतिकता, ज्ञान एवं भक्ति–इन चारों से मुक्ति सम्भव नहीं है।

भारतीय संस्कृति कर्म को सर्वोपरि महत्त्व देती है। भक्ति साहित्य विशेषकर तुलसीदास रामराज्य के संदर्भ में भारतीय मनीषा द्वारा स्थापित कर्मवाद एवं उससे सम्बद्ध नैतिकता को एक साथ मिलाते हैं। भारतीय कर्म चिन्तन का आधार लोभ न होकर त्याग है, संग्रह न होकर दान है, लोक रक्षण के लिए अपने प्राणों के बलिदान द्वारा लोकहित की चिन्ता उसके सनातन के मूल्य हैं। तुलसी इन सनातन मूल्यों को पुनर्प्रतिष्ठा के लिए रामराज्य का आश्रय ग्रहण करते हैं। तुलसी का रामराज्य काल्पनिक यूटोपिया नहीं, परम्परा के सनातन मूल्यों की समाज में पुनर्प्रतिष्ठा है।

तुलसी का ज्ञान मार्ग स्वविवेक से शुरू होकर अध्यात्मवाद की पराकाष्ठा पर पहुँचता है। अखण्ड दीप शिखा की भाँति निर्मल ज्योति से लोक को प्रकाशित करने वाला—निष्कलुष ज्ञान मार्ग, जहाँ आज के विज्ञानवाद से सम्बद्ध एकतंत्रात्मक शक्तिवाद में केवल एकान्तिक कामना-दिखलाई पड़ती है, तुलसी के रामराज्य में ऐसा संकुचित एवं संकीर्ण आदर्श नहीं है। भारतीय ज्ञानवाद की परम्परा की अपनी श्रुति नीति है—तुलसी का ज्ञानवाद अहम्‌वाद से न जुड़कर लोक समर्पणवाद से सम्बद्ध है।

तुलसी की भक्ति अपने में कर्म, श्रुति, नीति, ज्ञान परम्परा को इस प्रकार समेट कर चलती है, जैसे सभी उसके अंग-प्रत्यंग हों। तुलसी की भक्ति के बाहर यह लोक नहीं जा सकता और तुलसी उसकी सार्थकता भक्ति से ही स्थापित करते हैं।

तुलसी का रामराज्य इस प्रकार भावात्मक मूल्यों से प्रारम्भ होता है। लोक व्यवहार एवं भावनाजगत की रचनात्मक आस्था (भक्ति) के साथ उसकी सार्थकता लोक को कर्म, ज्ञान, नैतिकता से जोड़कर सार्थक बना देती है। कहीं संदेह नहीं, कहीं भय नहीं, कहीं विषमता नहीं, कहीं पीड़ा नहीं, सर्वत्र समानता, समता, उपभोग के साधनों का स्वाकांक्षानुसार लोक द्वारा प्रयोग। लोक में सर्वत्र-प्रेम, स्नेह, आत्मीयता, परस्पर हितकामिता, छल-प्रपंच शून्य-समाज व्यवस्था सभी राम में अनुरक्त और उनके द्वारा निर्दिष्ट श्रुति सम्मत मार्गों में तन्मयता—आदि-आदि ये सभी श्रेष्ठतम समाज की रचना के शुभतम मूल्य हैं।

इस प्रकार, तुलसी का रामराज्य परम्परित भारतीय जीवन धारा के सर्वतोत्कृष्ट चिन्तन तथा मनीषा का लोकरंजक तथा लोक हितैषिता का सबसे बड़ा साक्ष्य है।

❑

7.

रामचरितमानस की प्रासंगिकता

गोस्वामी तुलसीदास की तीन कृतियाँ सर्वाधिक परिपक्व एवं उनके मन्तव्यों को व्यंजित करने में सर्वथा सक्षम हैं–वे हैं–श्रीरामचरितमानस, कवितावली तथा विनयपत्रिका। गोस्वामी तुलसीदास की कृतियों की आज के सापेक्ष्य में प्रासंगिता का प्रश्न विशेष रूप से भी रामचरितमानस से जोड़ा जाता है, जिसे आलोचकों ने कालजयी कृति कहा है। इसी परम्परा में उदात्त मूल्यों की अभिव्यक्ति-परम्परा की भारतीय वाङ्मय से जुड़ी चार कृतियाँ–वाल्मीकि रामायण, रघुवंशम्, श्रीरामचरितमानस एवं आधुनिक युग में कामायनी का विशेष महत्त्व है, जिन्हें किसी भी दृष्टि से श्रेष्ठतम सृजन परम्परा से अलग नहीं किया जा सकता।

गोस्वामी तुलसीदास कृत श्रीरामचरितमानस इसलिए महत्त्वपूर्ण नहीं है कि वह एक महाकाव्य है और तुलसी ने कथानायक श्रीराम के चरित्र एवं विविध प्रसंगों से भक्ति एवं शील को जोड़कर उसे सजीव एवं लोक तथा समाज के लिए उपयोगी बनाया है। श्रीरामचरितमानस का महत्त्व इसलिए अधिक है कि कवि ने इस कृति के माध्यम से मानव जाति के अस्तित्व से जुड़े सनातन प्रश्नों को उठाकर उनका सर्वथा प्रासंगिक समाधान दिया है, जो देशकाल की गरिमा से खंडित नहीं होते। रामचरितमानस में लोकादर्श, लोक का गहन यथार्थ एवं उनसे जूझते हुए मानव समुदाय के लिए जिन समाधानों को रखा गया है, वे बासी नहीं होते। इसी को दूसरे शब्दों में कहा जा सकता है कि भारतीय जीवन का लोक यथार्थ, उसकी सामाजिक रचना का सुनहला स्वप्न तथा आदर्श–साथ ही, मानवीय अस्मिता के जितने भी उत्कृष्टतम पक्ष हो सकते हैं, उन्हें मानस में तुलसी ने बार-बार उठाकर उनका सम्यक् समाधान प्रस्तुत किया है।

आज मध्यकालीन भक्ति तथा आस्थामूलक कृतियों के सापेक्ष्य में अनेक सवाल उठाए जाने लगें हैं–इन सवालों का सम्बन्ध वर्तमान से या आधुनिकता

से है। यह भी कहा जा रहा है कि आज जो प्रश्न हमें प्रासंगिक और समसामयिकता की दृष्टि से उपयोगी लगते हैं, भारतीय इतिहास के मध्यकाल में इन प्रश्नों की कोई अहमियत नहीं थी। आज यह कहा जाता है कि मध्यकालीन आस्थावाद नष्ट हो चुका है और ईश्वर की अवधारणा समाप्त हो उठी है। आज प्रशासनिक या शासन व्यवस्था लोकतांत्रिक या समाजवादी बन चुकी है। भारत जैसे आस्थावादी देश पर विदेशी उद्योगवादी भौतिक भोगवाद की व्यवस्था का शिकंजा धीरे-धीरे कसता जा रहा है। सूचना क्रान्ति तथा बाजारवाद का जितनी तेजी से विकास हो रहा है–लगता है, दूरी का अब कोई मतलब नहीं है। सामाजिक व्यवस्था के प्रकाश में आज लोग संविधानवाद तथा लोकतांत्रिक व्यवस्था का प्रश्न उठाते हैं। पश्चिम की उद्योगवादी व्यवस्था का भारत में इतनी तेजी से प्रवेश हो रहा है, लगता है, भारतीय अध्यात्मवाद गायबं हो जायेगा। पश्चिम जैसे भारत पर छाता जा रहा है। भारतीयों की देह, आँख, कान पर पश्चिम का बुरी तरह से कब्जा है–भारतीयों का मन तथा हृदय बचा है कि नहीं, बताना मुश्किल होगा। आज के परिवेश में भारत जब योरोप जैसा बनने की तैयारी में है, ऐसी स्थिति में तुलसी की प्रासंगिकता का प्रश्न उठाना आश्चर्यजनक अवश्य प्रतीत होता है?

आज हम जिस संविधानवाद की लोकतांत्रिक प्रणाली के अन्तर्गत जीवन-यापन कर रहे हैं, वह व्यवस्था तुलसी के समय में कहाँ थी? तुलसी के युग में एकतंत्रात्मक साम्राज्यवाद का विदेशी शासन उन्हें और उनके समाज को पूरी तरह से आतंकित किए हुए था। यही नहीं, श्रीरामचरितमानस में वे जिस समाज व्यवस्था की बात करते हैं, वह भी अपने ढंग का एकतंत्रात्मक साम्राज्यवाद ही था–

भूमि सप्त सागर मेखला। भूप एक रघुपति कोसला॥

श्रीराम की सत्ता तो साम्राज्यवाद के शीर्ष के रूप में दिखाई पड़ती है। आज हम जिस विज्ञानप्रदत्त सुख सुविधाओं की बातें करते हैं, वे उस युग में कहाँ थीं। उपभोक्ता संस्कृति एवं विश्व बाजारवाद से तुलसी का क्या लेना-देना था। आज हमें, विदेशी उद्योगवाद के फैलाव से पूरी तरह से परेशान होना पड़ रहा है–तुलसी का युग तो विदेशी बर्बर आंतकवादियों की लूटपाट तथा प्रजा को दण्ड देने वाली सत्ता से सम्बद्ध था। फिर, आज के वर्तमान जीवन एवं समाज की सामयिक प्रासंगिकता से तुलसी का क्या सम्बन्ध बनता है? यह एक विचारणीय समस्या है?

इन सबके विपरीत भारतीय समाज हजारों-हजारों वर्षों से एक निर्धारित व्यवस्था के अन्तर्गत चलता आ रहा है। इस व्यवस्था के तीन पक्ष हैं–(1)

अध्यात्मवाद, (2) कृषि व्यवस्था, (3) सामन्तवाद। पश्चिम की भौतिकवादी व्यवस्था ने इन तीनों पर प्रहार किया है। आज भारत का सामन्तवाद प्रायः पूरी तरह से बदल चुका है, उसके स्थान पर गणतंत्रात्मक व्यवस्था आ गई है। कृषि व्यवस्था है, किन्तु उस पर विज्ञानवाद का प्रभाव बढ़ रहा है–किन्तु भारत के अध्यात्मवाद पर विशेष प्रभाव नहीं पड़ा है। आस्थावाद, भक्ति, धार्मिक सहिष्णुता एवं नैतिक मूल्यों के प्रति विश्वास ज्यों-का-त्यों हमारे मन में बना हुआ है। पश्चिम का उद्योग पूँजी संचयन एवं भोगवादी व्यवस्था के साथ उभर कर सामने आ रहा है। फिर भी, भारत में भौतिक समृद्धि एवं आध्यात्मिक समृद्धि के मूल्यों में टकराहट से समाज में नयापन पनप रहा है। भारत की मूल तथा सनातन समस्या आध्यात्मिक समृद्धि की है किन्तु इसे पश्चिम का उन्माद भरा अर्थ प्रेरित समाज बदलने में तत्पर है–ऐसी स्थिति में आज की सामयिकता के संदर्भ श्रीरामचरितमानस जैसी कालजयी कृतियों का पुनर्विश्लेषण आवश्यक और अपेक्षित इस अर्थ में हैं कि इस बदलते हुए संदर्भ के सापेक्ष्य में उसकी संगति कहाँ है?

आज के युग में पूरब तथा पश्चिम दोनों जब भौतिक जगत की प्राथमिकताओं का चुनाव करते हैं तो पहला प्रश्न मानव एवं उसके अस्तित्व का सामने आता है। पश्चिम के चिन्तक, विज्ञानवेत्ता, समाजशास्त्री आदि सभी सहमत हैं कि आज समस्त मूल्यों के केन्द्र में मनुष्य है और इस मनुष्य की रक्षा तथा उसके स्थायित्व के लिए ऐसे मूल्यों की खोज की जानी चाहिए ताकि वह सनातन भाव से इस सृष्टि के बीच उसके साथी की भाँति रह सके। आज समस्त विश्व भर के ज्ञान-विज्ञान के चिन्तन की धुरी में मानवीय अस्तित्व की चिन्ता सर्वोपरि है। तुलसीदास रामचरितमानस में इस मानवीय अस्तित्व को सर्वोपरि मानते हैं–

सब मम प्रिय सब मम उपजाए। सबते अधिक मनुज मोहिं भाये।

× × ×

नर तनु सम नहिं कवनउ देही। जीव चराचर जाचत जेही॥

भारतीय परम्परा में महाभारत में कहा गया है कि सृष्टि में मनुष्य से श्रेष्ठ और पवित्र कुछ भी नहीं है। इसी को इंगित करते हुए मनु ने अपनी मनुस्मृति में कहा है–

'बुद्धिमत्सु नरा श्रेष्ठाः'

(बुद्धि वाले प्राणियों में मनुष्य ही सर्वश्रेष्ठ है।)

इस प्रकार पूरब का अध्यात्मवाद एवं पश्चिम का भौतिकवाद दोनों मनुष्य

की सत्ता को सर्वोपरि स्वीकार करते हैं। पूरब और पश्चिम दोनों अब इतने समीप आ चुके हैं कि दोनों एक दूसरे की कमी तथा विशिष्टताओं को समझने लगे हैं। जैसा कि कहा जा चुका है, हम भारतीयों ने परम्परित सामन्तवाद के स्थान पर आज लोकतांत्रिक गणतंत्रवाद की व्यवस्था स्थापित की है और सम्पूर्ण सत्ता पर मानव समाज के व्यक्ति-व्यक्ति का अधिपत्य बना हुआ है। जनता की सरकार, केवल जनता के सुख-दुःख की प्राथमिकताओं के लिए-और अपने समाज के बीच पारस्परिक समानता, समता एवं अभिव्यक्ति की स्वतंत्रता तथा समान न्याय की स्थापना हमने कर रखी है। धर्म निरपेक्षता द्वारा हमने सभी धर्मों एवं मजहबों के विकसित होने की पूरी छूट दे रखी है। भारतीय गणतन्त्रात्मक व्यवस्था का स्वरूप क्या हो? हमने संविधान संशोधन द्वारा यह तय कर रखा है कि यह स्वरूप समाजवादी होगा। हमने तय कर रखा है कि इसके अन्तर्गत समान लाभ, समता, स्वतंत्रता तथा अभिव्यक्ति की पूरी छूट और प्राथमिकता दी जाएगी। भारतीय आध्यात्मिकता का इन तीनों से विरोध कहाँ है? समान न्याय की परिकल्पना तुलसी की यही है कि भेदभाव रहित अपराधी दण्ड का पात्र हो और अन्यायी तथा अपराधी को अपने अपराध के एहसास होने का अवसर भी मिलना चाहिए। तुलसीदास जी ने एक स्थल पर श्रीराम के न्याय की चर्चा करते हुए कहा है कि कुत्ते के न्याय मांगने पर कुत्ते की इच्छानुसार संन्यासी को दण्डित करके, हाथी पर चढ़ाकर श्रीराम ने नगर के बाहर किया-

स्वान कहे ते कियो पुर बाहर जती गयंद चढ़ाई।
तिय निंदक मतिमंद प्रजा रज निज नय नगर बसाई।।[2]

श्रीरामचरितमानस का रामराज्य स्वयं में ऐसी आदर्शपरक व्यवस्था है-जिसकी तुलना 'रावण राज्य' के समानान्तर रखने पर नितान्त स्पष्ट होती है। एक अत्याचारी सम्राट का क्रूरता से भरा निजतंत्रात्मक राज्य-जहाँ देवता, तथा वरुण, मरुत, अग्नि, सूर्य, चन्द्र सभी-के-सभी रावणाधीन कार्य करते हैं और एक ओर राम का शोषणविहीन, लोकहितैषी तथा सन्तुलित विषमता रहित राज्य-कहीं भेदभाव नहीं, छल प्रपंच नहीं, वर्ग-जाति तथा व्यवस्था के बीच सर्वत्र समभाव तथा सन्तुलन। यद्यपि रामराज्य स्वयं में साम्राज्यावादी व्यवस्था का एक रूप है किन्तु 'राजा तथा प्रजा' के बीच निरन्तर समता तथा

2. एक संन्यासी ने एक कुत्ते को पीड़ित किया तब कुत्ते ने श्रीराम के दरबार में जाकर न्याय के लिए दुहाई दी और दण्ड के रूप में उसे महन्त बनवा दिया क्योंकि वह कुत्ता भी पिछले जन्म में महन्त था और महन्तगीरी के कारण ही उसे कुत्ता बनना पड़ा।

सन्तुलन दिखाई पड़ता है। साम्राज्यवादी व्यवस्था जिस प्रकार लोक कल्याण से जुड़ी थी–'वहाँ कर्त्तव्य का भय नहीं था–लोक सृजन की आत्मप्रेरणा थी। दैहिक, दैविक, भौतिक–कहीं किसी प्रकार का संकट नहीं था, न अल्प मृत्यु थी, न अकाल था, न लोक के लिए संकट था–'सर्वभाव सुलभता' इस राज्य की सबसे बड़ी पहचान थी। धर्म अपने चारों चरणों–सत्य, अहिंसा, दान, दया के साथ वर्तमान था, न किसी में भय था, न कोई रोगी था और न कोई शोकग्रस्त। सभी नागरिक शिक्षित, विद्वान् तथा सद् लक्षणों से सम्पन्न थे और काल, कर्म, गुण एवं स्वभाव से उत्पन्न संकटों से सर्वथा मुक्त तथा आनन्दमय जीवन-यापन करते हुए सर्वथा सम्पन्न, सुखी तथा तनावमुक्त थे।'

भारतीय कृषि व्यवस्था के लिए न्याय तथा बंधुत्व और कृषि सम्पदा का रक्षण तथा यथा समय उनके लिए अपेक्षणीय सामग्रियों की पूर्ति, ये सब विशेष तत्त्व हैं–

ससि सम्पन्न सदा रह धरनी। त्रेता भइ कृतयुग कर करनी॥
प्रकटी गिरिन्ह विविध मनि खानी। जगदातमा भूप जग जानी॥
सरिता सकल बहहिं बर बारी। सीतल अमल स्वाद सुखकारी॥
बिधु महिपूर मयूखन्हि रवि तप जेतनहिं काज।
मागे वारिद देहिं जल रामचंद्र के राज॥

समाज की आवश्यकता के अनुसार प्रकृति की मानव जाति के प्रति कृपा स्वयं में एक आश्चर्य तथा सर्वथा स्पृहणीय भौगोलिक परिस्थिति का अवतरण है और इस प्रकार, रामराज्य की परिकल्पना एवं समग्र मानव जाति, पशु, पक्षी, वनस्पति, समुद्र, पृथ्वी, नक्षत्र देवताओं की लोक-समाज पर अनुकम्पा यह सर्वतोमुखी व्यापक लोक कल्याण के लिए देखा गया तुलसी का स्वप्न आज नहीं–आगे नयी पीढ़ी के लिए चिरन्तन प्रासंगिक बना रहेगा। मानव समृद्धि, सुख, सम्पत्ति, इच्छानुसार कामनाओं की स्वयंपूर्ति तथा समाज रचना की अविशृंखलित व्यवस्था, प्रत्येक कर्मावलम्बी की आकांक्षा के अनुसार सुख-सुविधा की सामग्रियों का संचयन, यह तुलसीदास का एक बहुत बड़ा मानव-कल्याण का स्वप्न है, जो राम राज्य के रूप में हमारे सामने आता है।

संघटनात्मक तथा सामूहिक लोकजीवन या राज्य व्यवस्था के साथ-साथ तुलसी मनुष्य को इस लोक में सर्वोच्च वरीयता देकर उसकी स्थिरता के लिए जिन आधारों की खोज करते हैं, निश्चित ही वे प्रासंगिक रहेंगे। इस संदर्भ में उनके महत्त्वपूर्ण स्थापित व्यवस्था सम्बन्धी मूल्य इस प्रकार हैं–

(1) नैतिक मूल्यों की सर्वोपरि एवं सनातन सत्ता

(2) शील एवं त्याग जीवन की श्रेष्ठता के आधार हैं

(3) भोगमय जीवन से त्यागमय जीवन श्रेयष्कर है

(4) जीवन में पारस्परिक समन्वय, संगठन मानवीय अस्तित्व के लिए मूलाधार हैं।

तुलसी निरन्तर समाज को जोड़ने के प्रति संकल्पबद्ध हैं। रावण राज्य की निन्दा वे इसीलिए करते हैं कि यह मनुष्य-मनुष्य के बीच विषमता की खाई और ऊँची करता है। तुलसी की दृष्टि में भारत एक पवित्र तथा महान देश है। इसके लोकनायक ईश्वर-तुल्य हैं और उनके गुण–सत्य, प्रेम, अहिंसा, उदारता, दया, त्याग आदि जीवन तथा समाज रचना दोनों के लिए आदर्श हैं। तुलसी अपनी मानवीय नैतिकता की शुरुआत यहीं से करते हैं।

आज हम जिसे भारत की गणतंत्रात्मक व्यवस्था का नाम देते हैं, उसके अस्तित्व के लिए मूलाधार है, ईमानदारी, सत्य निष्ठा, मानव प्रेम, संविधान के अन्तर्गत निर्धारित कर्त्तव्यों एवं अधिकारों के प्रति नैतिक दायित्व बोध की आस्था। समाज के विकास के लिए ये अनिवार्य तत्त्व हैं। निर्धारित नागरिक कर्त्तव्यों को उसे आचरण में उतारने के प्रति समर्पित निष्ठा हमारे लिए आवश्यक है। रामराज्य के प्रकरण में गोस्वामी तुलसीदास जी ने बताया है कि–

सब नर करहिं परस्पर प्रीती। चलहिं स्वधर्म निरति श्रुति नीती॥

'स्वधर्म का पालन करते हुए सभी श्रुतिनीति' से आचरण करते हैं। आज के लोकतंत्र में संविधान ही श्रुतिनीति है। संविधान भारतीयों के जीवन-यापन का आधार ग्रंथ है। संवैधानिक नियति के प्रति समर्पित तथा ईमानदारी भरा आचरण ही आज लोकतांत्रिक रामराज्य का आधार है। तुलसी के रामराज्य की मानव जाति के प्रति प्रकट की गई आत्यन्तिक हितैषिता आज भी हमारे लिए काम्य है। प्रेम, सत्य, अहिंसा, दया, ममता, आस्तेय, श्रद्धा, सम्मान, विनम्रता, समर्पण तुलसी के लोकाचरण के तत्त्व हैं और सामाजिक स्थिरता इन्हीं पर ही निर्भर रहती है। सामाजिक संगठन, संरचना व्यवस्था तथा प्रशासनिक नियंत्रण के लिए भी ये ही आधार हैं।

भारतीय संस्कृति संग्रह में विश्वास नहीं रखती। उसकी अवधारणा त्याग की है। पश्चिम का भौतिक जगत संग्रह में विश्वास रखता है और उसकी प्रकृति आध्यात्मिक त्याग की न होकर भोग की है। भारतीय अस्मिता की पहचान अपरिग्रह, त्याग एवं दान है। विवेकाश्रित आस्था ही भारतीय जीवन की पहचान है। यह विवेकाश्रित आस्था मध्यकाल में भले ही अंधास्था हो

गई हो–किन्तु वहाँ भी सद् मूल्यों तथा नैतिक मन्तव्यों के प्रति समर्पण हमारी विशेष पहचान रही है। भारतीय सामाजिक चेतना को पूँजीवादी या व्यक्तिवादी व्यवस्थाएँ नियंत्रित नहीं कर सकतीं क्योंकि आध्यात्मिकता भारतीय जनमानस की संचार चेतना है। सातवीं शती से लेकर अट्ठारहवीं शती के अनेक बर्बर आक्रमणों, लूटपाट, हिंसा, अराजकता, दबाव, विदेशी धार्मिक उन्मादवाद ने भारतीय आध्यात्मिक चेतना को दबाने का जितना क्रूर प्रयास किया है, उसमें हमें अपना सब कुछ खो देना चाहिए था। इस दबाव के बाद भी हमारी भारतीय अस्मिता बची रही और इसे बचाने में गोस्वामी तुलसीदास का सर्वाधिक महत्त्वपूर्ण योगदान है। एक हजार वर्ष की गुलामी किसी देश की सांस्कृतिक धरोहर को मिटाने का पर्याप्त समय होता है किन्तु हमारे आचार्यों–शंकराचार्य, रामानुजाचार्य, निम्बार्काचार्य, मध्वाचार्य, वल्लभाचार्य, रामानन्दाचार्य तथा मध्यकालीन भक्तों कबीर, सूर, तुलसी, मीराबाई, महाप्रभु चैतन्य आदि ने अपनी भारतीय अस्मिता को कहीं नहीं डिगने दिया। भारतीय मध्य काल में विदेशी एवं भारतीय अस्मिता के बीच घटित द्वन्द्व के बीच आत्मरक्षा के लिए 'श्रीराम नाम' का जो कवच तुलसी ने तैयार किया था, उसकी आज भी आवश्यकता है। पश्चिमी सभ्यता के भौतिक एवं भोगवादी प्रवाह में आज बहते हुए हम भारतीयों के लिए मध्यकालीन नैतिकनिष्ठा एवं आस्थावादी अध्यात्मिकता युक्त जीवन शैली, अपरिहार्य है। भोगवादी व्यक्तिशैली हम भारतीयों के लिए अन्तिम रूप से स्वीकार्य नहीं हो सकती क्योंकि आस्थावादी, आध्यात्मिक चिन्तन एवं नैतिक निष्ठा के बीज हमारे संस्कारों में भरे पड़े हैं।

भारतीय अध्यात्म चेतना निष्पक्षता, न्याय, समता, दया, समत्व, उदारता आदि मूल्यों को मानव अस्तित्व के लिए सनातन तत्त्व स्वीकार करती है। भारतीय समाज की यदि **आध्यात्मिक समाजवाद** के सापेक्ष्य में व्याख्या करें तो कहीं कोई अनौचित्य नहीं होगा। तुलसी साहित्य में अखिल भारतीय समाज के लिए सत्य, प्रेम, करुणा, दान, दया, सहिष्णुता, बन्धुत्व, त्याग, तितीक्षा आदि को देखकर डॉ० राम मनोहर लोहिया ने कहा था–

"गजब है तुलसी? क्या समता, क्या नारी छद्म की चीख, क्या नर-नारी के आदर्श की सूचना? आखीर उसने संसार को किस रूप में जाना है– सियाराम मय सब जग जानी।" [3]

गोस्वामी तुलसीदास ने आज के लिए नहीं, कल के लिए नहीं, वरन्

---

3. भारतमाता, धरती माता, पृ० 11।

शतियों बाद आगे आने वाले समाज के लिए रामचरितमानस में रामराज्य की परिकल्पना की है। भारतीय संविधान एवं लोकतांत्रिक व्यवस्था के विवेचकों के लिए एक ऐसा ही रामराज्य चाहिए। गाँधी जी का रामराज्य वही है, प्रायः वही, जो तुलसीदास जी का है। सामाजवादी लोहिया जी बहुत कुछ अंशों में तुलसी के रामराज्य से सहमति रखते हैं। तुलसी का रामराज्य सामन्ती व्यवस्था का रामराज्य नहीं है। तुलसी के राम सामन्तवादी-साम्राज्यवादी तथा एकतंत्रवादी नहीं है। तुलसी के राम जन-जन के मन में स्थित, सबके चित्त में बसे-झोपड़ी तथा महल सभी के राम हैं—फिर उनके राम सामन्तवादी नहीं हो सकते। तुलसी के राम समाज के मुखिया हैं और मुखिया का लक्षण बताते हुए तुलसी कहते हैं—

मुखिया मुख सो चाहिये खान-पान मँह एक।
पालै पोसै सकल जग तुलसी सहित विवेक॥

भारत में मुखिया (ग्राम प्रधान) को आज संवैधानिक अधिकार प्राप्त है। रामराज्य के ढाँचे में थोड़ा-सा परिवर्तन करके इसे लोकतंत्र की ओर मोड़ दें, यह भाजपा का आध्यात्मिक समाजवाद हो जाएगा। सत्ता के सुख की समरसता—सबको समान आनन्द—यही रामराज्य का मूलमत्र है और लोकतंत्र भी इसी की स्वीकृति प्रदान करता है—

बैर न कर काहू सन कोई। रामराज्य विषमता खोई॥

लोकतांत्रिक समाज की सबसे बड़ी पहचान है—समता अर्थात् सामाजिक समता, आर्थिक समता, न्यायिक व्यवस्था से जुड़ी समता।

वाल्मीकि की रामकथा के स्वरूप को बौद्ध एवं अन्य धर्मावलम्बियों ने नष्ट किया—शम्बूक, सीता निष्कासन, सीता को राम की बहन के रूप में मान्यता देने की घटनाएँ दुष्प्रचार के लिए लिखी गई हैं—उनके द्वारा जो सनातन आर्य व्यवस्था के विरोधी हैं। तुलसी तो वाल्मीकि के बहुत बाद में हुए और उनके सामने मूल समस्या थी—समग्र भारतवासियों को एक सूत्र में जोड़ने की। यहाँ भारत भूमि पर रहने वाले आभीर, यवन, किरात, खस, स्वपच, ब्राह्मण, क्षत्रिय, वैश्य, शूद्र सभी भारतीय हैं और रामकथा के माध्यम से तुलसी इन्हें जोड़ते हैं—जैसे लोकतंत्र में वर्ण विहीन, वर्ग विहीन, सामाजिक व्यवस्था से बना लोक समाज। तुलसी वर्ग, वर्ण, कुल आदि के ऊपर लोक की चर्चा करते हैं। तुलसी के पास लोक और वेद दो मत हैं—वेदमत अन्ततया इसी लोक मत को ही समृद्ध करता है—लोक ही तुलसी का साध्य है और यही लोक लोकतंत्र को भी पल्लवित करता है।

आज भारतीय लोकतंत्र के समक्ष सबसे बड़ी चुनौती अमांगलिक मूल्यों–जैसे–हिंसा, चोरी, धनापहरण, भ्रष्टाचार, व्यभिचार आदि पर नियंत्रण पाना है। ये सब धर्म रावण राज्य के लक्षण हैं। राम का अवतरण इसी व्यवस्था को ध्वस्त करने के लिए हुआ था। रावण राज्य को ध्वस्त करने के लिए तुलसी समाज के सबसे छोटे एवं सामान्य वर्ग के लोगों को–भालु, बन्दर को एकत्रित, समूहबद्ध करके प्रशिक्षित करते हैं। तुलसी वन में एक ओर साधु समाज से निर्देश प्राप्त करते हैं तो दूसरी ओर कोल, किरात, निषाद आदि को व्यापक मूल्यों की अवधारणाओं के साथ खड़ा करते हैं। वानर एवं भालुओं की सहायता लेते हैं, उन्हें एकत्र करके उनकी शक्ति को पिरोकर भ्रष्ट शासन के विरुद्ध युद्ध करके उसे समूल नष्ट करते हैं। रावण राज्य का समूह विनाश आज ही नहीं, कल के लिए भी आदर्श है। इस रावण राज्य को देखें–

देखत भीमरूप सब पापी। निसिचर निकर देव परितापी॥
जेहिं बिधि होइ धर्म निर्मूला। सो सब करहिं बेद प्रतिकूला॥
जेहिं जेहिं देस धेनु सुर पावहिं। नगर गाउँ पुर आगि लगावहिं॥
बरनि न जाई अनीति, घोर निसाचर जो करहिं।
हिंसा पर अति प्रीति तिन्ह के पापहिं कवन मिति॥
बाढ़े खल बहु चोर जुआरा। जे लंपट पर धन पर दारा॥
मानहिं मातु पिता नहिं देवा। साधुन्ह सन करवावहिं सेवा॥

यह 'रावण राज्य' क्रूरता आतंक से भरा विदेशी लूटमार करने वाले मुस्लिम आक्रमणकारियों जैसा लगता है और रावण के राज्य की इस हिंसा के विरुद्ध पृथ्वी एवं देवताओं तथा अन्य दैवी शक्तियों का एकत्रित होना आतंक के विरुद्ध नैतिक शक्तियों का आवाहन जैसा है। जब-जब आतंक एवं हिंसा की समाज में वृद्धि होगी, उसके विरुद्ध, तब-तब, शान्तिप्रिय जनों को एकत्रित होना पड़ेगा। रावण-राम युद्ध तुलसी में ऐतिहासिक कथा के साथ-साथ एक प्रतीक बन गया है–जो अन्याय के विरुद्ध, न्याय, हिंसा के विरुद्ध अहिंसा, उत्पीड़न के विरोध सुरक्षा जैसे मूल्यों की सनातन व्यवस्था से जुड़ी है। राम-रावण कथा एक सनातन कथा है और प्रत्येक युग तथा प्रत्येक काल में अपने रूप में प्रतीकबद्ध होकर सामने आती है।

आज भारीय लोकतांत्रिक समाज में पूँजी के संचय और उसके आधार पर समृद्धि आँकने की परिपाटी चल पड़ी है। यह परिपाटी पश्चिम की देन है। भारतीय संस्कृति में अर्थ को प्रथम पुरुषार्थ कहा गया है और बिना धर्म से जुड़े अर्थ का विशेष महत्त्व नहीं है। पश्चिम की पूँजीवादी व्यवस्था तथा

भारतीय अध्यात्मवाद के बीच यही अन्तर है कि एक धन संग्रह एवं भोग की पराकाष्ठा में अपना जीवन पूरा करता है तो दूसरा संन्यास में। एक समय-सीमा तो बाद भारतीय संस्कृति अन्ततया संन्यास को अपना सर्वस्व स्वीकार कर लेती है और उस बिन्दु पर पहुँचकर न सुख, न दुःख, न कोई आकांक्षा है वरन् है तो सर्वात्म भाव से समग्र को अपना मानकर निस्पृह जीवन जीने की कामना। गोस्वामी तुलसीदास ने मानस और विनयपत्रिका के माध्यम से भारतीय जीवन के अनासक्तियोग के जिस स्वरूप का प्रतिपादन किया है, वही इस भौतिक युग में उत्पन्न भोग के कष्टदायी संकटों से मुक्ति का माध्यम है। जातीय जीवन की यही सार्थकता है और स्वयं तुलसी ने आगे आने वाले समाज के सामने ऐसे ही आदर्शों को रखकर उसका मार्ग दर्शन किया है। भारतीय आध्यात्मिकता भौतिकता से उत्पन्न पीड़ा, हताशा, निराशा जैसे संकटों से मानव जाति को उठाकर उन्हें आनन्द तथा शक्ति का स्वरूप और वातावरण प्रदान करती है। इस प्रकार के वातावरण के निर्माण में तुलसी सदैव स्मरण किये जाते रहेंगे।

सामान्यतया श्रीरामचरितमानस की प्रतिबद्धता अन्याय और न्याय के द्वन्द्व द्वारा न्याय की स्थापना से ही नहीं जुड़ी है और न उसकी प्रतिबद्धता का महत्त्वपूर्ण पक्ष राम राज्य से ही सम्बद्ध है। वह सम्पूर्णतः मानस के अन्तर्गत न केवल मर्यादावाद की ही स्थापना करता है वरन् वह तो भारतीय सनातनवाद की पुनर्प्रतिष्ठा का अन्तिम सत्य है। भुशुंडि तथा गरुण के संदर्भ में वह सात प्रश्नों को रखकर अपनी युगीन समस्याओं का समाधान प्रस्तुत करता है और इन सबके अन्तर्गत 'मानस रोग' से मानव जाति की मुक्ति का प्रश्न रखता है। मनुष्य अपनी विकृतियों के साथ अन्ततया पशु बना हुआ है। इन भावनात्मक विकृतियों की वह लम्बी तालिका देता है। इन विकृतियों में सर्वाधिक महत्त्वपूर्ण तत्त्व 'मोह' है। मोह ही सम्पूर्ण मानस रोग की जड़ है–

मोह सकल व्याधिन्ह कर मूला। तिन्ह ते पुनि उपजहिं बहु सूला।

इन्हीं के साथ ममता, विषाद, हर्ष, मात्सर्य, अहंकार, दम्भ, तृष्णा, एषणाएँ तथा अविवेक आदि मानस रोग हैं और आज का भौतिकवादी जगत तथा सारा संसार इन मानस रोगों से आक्रान्त है।

कवि ने मानस के उत्तरकांड में यह स्पष्ट किया है कि इन मानस रोगों से मुक्ति श्रीराम कृपा से ही सम्भव है और श्रीराम कृपा की प्राप्ति के लिए आधार है, श्रीराम के प्रति आत्यन्तिक भाव से समर्पण। इन रोगों से मुक्ति का उपाय है, उनकी विकृतिमयी निष्कृतियों की समझ तथा उनके प्रति पश्चाताप। मानस के अनेकानेक पात्र इन विकृतियों में बँधे अपने स्वरूप की महत्ता को

विस्मृत कर जाते हैं। पार्वती, गरुण, नारद जैसे पात्र ही नहीं, हनुमानादि भी यथासमय श्रीराम की कृपा से ही आत्मस्वरूप की प्रतीति करके मानस रोग से मुक्ति प्राप्त करते हैं। मानस रोग मुक्ति का जीवन वस्तुतः कर्म संन्यास या अनासक्तियोग जैसा है और भारतीय संस्कृति यह स्वीकार करती है कि संसक्तिमयी जीवन से श्रेष्ठ अनासक्ति योगमय जीवन है। जीवन त्याग जीवन जीना नहीं है वरन् जीवन जीते हुए, कर्मों को करते हुए, कर्म फलों को भोगते हुए उससे उत्पन्न-पीड़ा तथा हर्ष से ऊपर उठकर 'जल कमलवत्' जीवन-यापन ही श्रेष्ठ भारतीय जीवन जीने की अवधारणा है और बिना मानस रोगों से मुक्ति मिले, यह सम्भव नहीं है।

इसीलिए, गीता तथा भागवत पुराण के बाद यदि भारतीय संस्कृति की मूलभूत अनिवार्यताओं को किसी ने मानव जाति के सामने रखकर और उन्हें इन श्रेष्ठतम आदर्शों से बाँधने की चेष्टा की है तो वह हैं,-गोस्वामी तुलसीदास जी कृत श्रीरामचरितमानस।

❑

8.

लोक मर्यादावाद और तुलसीदास

तुलसी के समन्वयवाद और लोकमर्यादवाद के महत्त्व को इसलिए हमें स्वीकार करना पड़ता है कि उसके माध्यम से उन्होंने समाज के एक बहुत बड़े विघटन को बचाने का स्तुत्य कार्य किया है। उनके रामचरितमानस एवं कवितावली के कलियुग को देखें तो ज्ञात होगा कि भारतीय परम्परित लोक की सामाजिक मर्यादा चिथड़ी हो चली थी। पिता-पुत्र, पति-पत्नी, भाई-भाई, गुरु-शिष्य के बीच की मर्यादाएँ टूटकर समाज को विशृंखलित बनाए दे रही थीं–

गुन मंदिर सुंदर पति लागी। भजहिं नारि पर पुरुष अभागी॥
मातु पिता बालकन्हि बोलावहिं। उदर भरइ सोई धर्म सिखावहिं॥
गुरु सिष बधिर अंध का लेखा। एक न सुनइ एक नहिं देखा॥
कुलवंत निकारहिं नारि सती। गृह आनहिं चेरि निवेरि गती॥
सुत मानहिं मातु पिता तब लौं। अबलानन दीख नहीं जब लौं॥

इस लोक मर्यादा को गृहस्थ की अपेक्षा यती, संन्यासी, साधु एवं ब्राह्मण अधिक तोड़ रहे थे–

बरन धरम नहिं आश्रम चारी। श्रुति विरोध रत सब नर नारी॥
श्रुति द्विज बेचक भूप प्रजासन। कोउ नहिं मान निगम अनुसासन॥
मारग सोइ जाकहँ जोई भावा। पंडित सोइ जो गाल बजावा॥
मिथ्यारंभ दंभ रत जोई। ता कहँ संत कहैं सब कोई॥
सोइ सयान जो परधन हारी। जो कर दंभ सो बड़ आचारी॥

इस प्रकार, कलियुग में वैरागी, तपस्वी, योगी, ऋषि, पंडित, सन्यासी आदि अपने लोक विश्रुत मार्गों से पदच्युत दिखाई पड़ते हैं।

भारतीय सामाजिक रचना अपने में विशिष्ट इसलिए है क्योंकि उसका

आधार आत्मकेन्द्र, धनसंग्रह एवं वैयक्तिक स्वार्थवाद से प्रेरित नहीं है। यहाँ के जन-जन, एक व्यापक सामाजिक व्यवस्था के अंग हैं और प्रारम्भ से अन्त तक अपने कर्त्तव्य के प्रति समर्पित हैं। गुरु-शिष्य, पिता-पुत्र, भाई-भाई आदि के सम्बन्धों के बीच के सामाजिक सूत्र, एक व्यापक कर्मफलक की रचना करते हैं और सभी अन्ततया समाज रचना के अंग बनकर ही अपनी परिपूर्णता प्राप्त करते हैं। व्यक्ति और समाज के बीच व्यक्ति का अस्तित्व सामाजिक सार्थकता से निर्धारित किया गया है, न कि उसकी अपनी वैयक्तिकता से। वैयक्तिकता एवं सामाजिकता दोनों परस्पर मिलकर सामाजिक रचना की मर्यादा का निर्धारण करते हैं और भारतीय समाज की रचना इन्हीं दोनों के समन्वय का प्रतिफल है। भारतीय सामाजिक नैतिकता इसीलिए व्यापक मूल्यों से सम्बद्ध है और ये मूल्य वैयक्तिक हिंतों से न जुड़कर त्याग, दया, समर्पण, अहिंसा, प्रेम, ममता, समाज रक्षा आदि व्यापक सन्दर्भों से सम्बद्ध हैं। श्रीरामचरितमानस के अन्तर्गत गोस्वामी तुलसीदास ने परम्परित नैतिक मर्यादावाद के प्रकाश में समाज को जोड़ने वाले इन वृहत्तर संदर्भों को केन्द्र में रखकर अपनी कथा रचना एवं कथा पात्रों की चारित्रिक शील दशा का विस्तार किया है। इसीलिए रामचरितमानस भारतीय जन-जीवन के लिए सामाजिक मर्यादा के समन्वयक काव्य के रूप में स्मरण किया जाता रहा है। मानस की कथा दृष्टि तथा पात्र योजना के मूल में स्थित रहकर सामाजिक संदर्भ मूल्य संस्थापक धर्म के रूप में निरन्तर प्रतिष्ठा पाते रहेंगे।

रामचरितमानस की कथा के मूल में सर्वत्र एक वृहत्तर लोक हितैषी संदर्भ वर्तमान है। समग्र पात्र कथा के इन विशिष्ट मूल्यों की सिद्धि के लिए सतत सचेष्ट हैं। पात्रों की यही सचेष्टता कला के मन्तव्य को व्यापक मूल्यधर्मी तत्त्व बनाकर हमारे सामने आदर्श के रूप में आती है और यहीं तुलसी की सनाज को जोड़ने वाली दृष्टि की सार्थकता उससे जुड़ने के लिए हमें विवश करती है।

श्रीरामचरितमानस एक ऐसा विशाल काव्य है, जिसके अन्तर्गत मानवीय जीवन एवं लोक व्यवहार की समग्रता के दर्शन होते हैं। लोक व्यवहार के विशाल फलक पर जीवन में घटित होने वाले व्यवहार, क्रियाएँ, आचरण यहाँ भरे-पूरे दिखाई पड़ते हैं। मानस की कथा व्यापक लोक जीवन तथा समाज की नित्य-प्रति घटित होने वाली घटनाओं के व्यवहार पक्ष की समन्विति से सम्बद्ध है। इस भरे पूरे लोक में लोक सम्बन्धों की समग्रता तथा कार्य-व्यापारों की एक लम्बी तालिका हमारे सामने आती है। तुलसी अपने सृजन के संदर्भ में एक-एक घटना तथा एक-एक पात्र की क्षण-क्षण की मनः

दशा के प्रति सचेष्ट एवं उसके आचरण की व्यावहारिकता के प्रति प्रतिक्षण सजग हैं। उनकी मर्यादावादी दृष्टि से कथा, पात्र, पात्रों की मनः दशाएँ तथा कथा के फलक एक क्षण के लिए भी उसकी सजगता से मुक्त नहीं हो पाते।

तुलसी व्यक्ति को समाज का एक समर्पित अंश मानते हैं। सभी की अपनी एक भूमिका है और इस समाज रचना के व्यापक मंच पर सभी अपनी भूमिका के अनुसार आचरण करके शून्य में विलीन हो जाते हैं। व्यक्ति मूल्य का एक अंश है और उसकी सार्थकता और सत्ता अपने उस अंश को वृहत्तर सामाजिक संरचना में समर्पित कर देने में है। इस सामाजिक समर्पण में व्यक्ति की निजता समाप्त नहीं होती–वरन् एक दिव्य प्रकाश उत्पन्न होकर उस व्यक्ति को आभा को मंडित कर देता है। भरत, हनुमान, विभीषण, सीता, लक्ष्मण आदि मानस के पात्र सामाजिक मूल्यों के प्रति पूरी तरह से समर्पित होकर भी अपनी वैयक्तिक प्रभा से मंडित हैं। व्यक्ति तथा समाज के बीच इस आत्यन्तिक समर्पण का प्रतिफल भारतीय समाज दूसरों के सामने अपनी नैतिक अस्मिता के कारण श्रेष्ठ आदर्श बना हुआ है। रामचरितमानस में अभिव्यक्त लोक मर्यादावाद को निम्नलिखित चार बिन्दुओं के रूप में विश्लेषित कर सकते हैं–

1. लोक सम्बन्धों की आदर्शमयी निष्ठा
2. समाज के लोक मंगलमयी संदर्भों का विस्तार
3. शील रचना तथा समाज के चिर आदर्शों की स्थापना
4. नैतिक आदर्शों की पराकाष्ठा या राज्य रचना के आदर्श

व्यक्ति से समग्र समाज तक, प्रजावर्ग से लेकर राजन्य वर्ग तक तथा एक-एक प्राणी से लेकर सम्पूर्ण प्राणि जगत तक को आदर्श की डोर में बाँधने वाले गोस्वामी तुलसीदास जी का प्रयत्न उनकी लोक मर्यादा के लिए देखे गए स्वप्नों का प्रतिफल है। अयोध्याकांड के प्रारम्भ से ही इस 'रामराज्य' के लिए संघर्षरत तुलसी उत्तरकांड तक निरन्तर अपनी व्यथा के तन्तुओं की द्वन्द्वात्मक व्यवस्था से टकराते रहते हैं। रामराज्य की स्थापना के बाद ही उनके लोक मर्यादावाद का देखा गया स्वप्न अपनी परिपूर्णता को प्राप्त करके उनके मन को शान्ति प्रदान करता है।

संक्षेप में, पूर्व निर्दिष्ट मन्तव्यों के प्रकाश में मानस में इस लोक मर्यादावाद की स्थिति इस प्रकार है–

1. लोक सम्बन्धों की आदर्शमयीनिष्ठा–लोक सम्बन्धों की अनेक श्रेणियाँ बनती हैं। पहली श्रेणी तो गृहस्थ जीवन की है–जहाँ, माता-पिता, पति-पत्नी, भाई-भाई, भाई-बहन, बहन-बहन, सपत्नीक सम्बन्ध तथा अन्य

लोक जीवन के गृहस्थ सम्बन्धों के प्राथमिक रूप आते हैं। आश्रम व्यवस्थाओं से सम्बन्ध विस्तार होने के बाद गुरु, शिष्य, गुरु, गुरुपत्नी, गुरुभाई के सम्बन्ध दिखाई पड़ते हैं। वर्ण व्यवस्था के कारण ब्राह्मण, क्षत्रिय, वैश्य, शूद्र के सम्बन्ध और उनके विकसित रूप राजा-प्रजा, स्वामी-भृत्य, पुरोहित-यजमान, जैसे सम्बन्ध निकलते हैं। आश्रम व्यवस्था में अन्तिम संदर्भ संन्यासी ऋषि, तपस्वी आदि का रूप सामने आता है। प्राय: भारतीय व्यवस्था का यही आदर्श भारतीय समाज रचना के रूप में हमारे सामने आता है। इनसे पारस्परिक जुड़े सम्बन्ध लोक-निष्ठा के संदर्भ हैं—किन्तु यह भारतीय लोक निष्ठा व्यक्तिवादी व्यवस्था से सम्बद्ध नहीं है। इनके मूल में कतिपय नैतिक मर्यादाएँ हैं और यही मर्यादाएँ भारतीय संस्कृति के अन्तर्गत व्यापक लोक रक्षण का कार्य करती हैं। आश्रम व्यवस्था के अन्तर्गत पिता धर्म, पुत्र धर्म, पति धर्म, पत्नी धर्म, गुरु धर्म, शिष्य धर्मादि लोक सम्बन्धों से जुड़े नैतिक मूल्य अन्ततया पूर्ण व्यवस्था से भी सम्बद्ध हो उठते हैं—क्षत्रिय धर्म, ब्राह्मण धर्म, वैश्य धर्म एवं अन्य वर्ग धर्म।

लोक के ये धर्म सर्वथा पृथक्-पृथक् नहीं हैं। इनके मूल में कतिपय ऐसे तत्त्व हैं, जो सम्पूर्ण समाज रचना को निरन्तर जोड़े हुए हैं। इनकी इसी महत्ता के कारण ही इन्हें धर्म के नाम से पुकारा गया है। भारतीय संस्कृति में 'धर्म-वृषभ' की परिकल्पना की गई है और धर्म चारों पैरों पर खड़ा होकर समाज़ को पूरी तरह से नियंत्रित किए रहता है। मनुस्मृति में धर्म के चार चरण हैं—

सत्य, शौच, दया तथा दान

भागवत पुराण में धर्म के चारों चरणों का उल्लेख इस प्रकार किया गया है—

तप, शौच, दया और सत्य

भागवत पुराण में अधर्म के भी चार पैर बताये गए हैं। ये हैं—

असत्य भाषण, हिंसा, असन्तोष (तृष्णा) तथा द्वेष

भागवत पुराण में 'तप' पर अधिक बल दिया गया है किन्तु मनुस्मृति में दान पर। तुलसी स्वीकार करते हैं कि कलियुग में 'दान' मात्र ही धर्म है और येन-केन प्रकारेण दान देने पर मानव का कल्याण होता है।

इनके अतिरिक्त ऋषि कर्म के अन्तर्गत कतिपय नैतिक मूल्यों को भी आश्रम तथा वर्ण व्यवस्था के संदर्भों से जोड़ा गया है—जैसे—क्षमा, अपरिग्रह, अस्तेय, अहिंसा आदि।

भारतीय आश्रम तथा व्यवस्था धर्म का आधार लोकरक्षण है। क्षत्रिय अपने भुजबल एवं शैन्य शक्ति से लोक की रक्षा करते हैं तथा ब्राह्मण अपनी शुचिता, ताप एवं धर्म निष्ठा से। वैश्य दान एवं धन के त्याग द्वारा एवं दास सेवाकर्म द्वारा। यहाँ सभी के कर्म 'आत्मफल' से न जुड़े होकर लोक कल्याण के अनुगामी हैं। कर्म की निष्ठा समाज के लिए है और उसी समाज निष्ठा से व्यक्ति का भी कल्याण होता है। 'लोक और समाज' के इस आन्तरिक सम्बन्ध के बीच व्यष्टि का समष्टि के प्रति त्याग ही भारतीय जीवन दृष्टि की सार्थकता तथा उसकी अपनी विशिष्टता है।

भारतीय समाज व्यवस्था मूलत: वर्ण व्यवस्था तथा आश्रम व्यवस्था पर केन्द्रित है। कृषि जीवन के विकास के फलस्वरूप धीरे-धीरे वैश्यों के साथ-साथ आजीविका के लिए क्षत्रिय, ब्राह्मण एवं दास भी इस व्यवस्था से जुड़ गए। कुल मिलाकर, भारतीय समाज का सामान्य कामगर तथा कृषक भिन्न व्यवस्था से सम्बद्ध था किन्तु आश्रम तथा वर्ण व्यवस्था की चौखटों में ही वह बँधा रहा। गुरु, पुरोहित, कथावाचक, तपस्वी, भिखारी, ऋषि, साधु कितने रूप प्रथम वर्ण से जुड़े वैदिक व्यवस्थावाद के ही अन्तर्गत सम्बद्ध दिखाई पड़ते हैं। आश्रम व्यवस्था के अन्तर्गत गृहस्थ एवं वानप्रस्थ पर तुलसी की दृष्टि अधिक केन्द्रित है क्योंकि तुलसी के युग में ब्राह्मण एवं सन्यासाश्रम प्राय: टूट चुके थे। तुलसी के अनुसार कलियुग का यह शीर्ष विकास काल है और केवल गृहस्थ धर्म ही शेष रह चुका था। तुलसी गृह धर्म को केन्द्र मानकर लोक व्यवस्था को मंगलमय रूप देने के लिए निरन्तर कटिबद्ध हैं। पिता-पुत्र, भाई-भाई, माता-पुत्र, पति-पत्नी, स्वामी-सेवक, राजा-प्रजा जैसे अवशिष्ट समाज की व्यवस्था को तुलसी नैतिक आदर्शों से मण्डित करना चाहते थे। लोक जीवन का व्यावहारिक ढाँचा तुलसी के समय तक मात्र इतना ही महत्त्वपूर्ण था। तुलसी ने मानस में अपने व्यापक चिन्तन के आधार पर समाज के इन लोक सम्बन्धों को जो आदर्शमय जीवन्त स्वरूप दिया है, वह उनके श्रेष्ठ कृतित्व की महत्ता के लिए स्थायी आधार है। लोक सम्बन्ध रचना के लिए तुलसी 'त्यागनिष्ठा' को सर्वोपरि आधार बनाते हैं और यही त्यागमय जीवन भारतीय अध्यात्मवाद का प्राण है।

2. समाज के लोकमंगलमयी तत्वों का विस्तार–तुलसी ने भक्ति को आधार बनाकर उससे लोकमंगल को जोड़ा है। तुलसी की भक्ति में एकान्तिक समर्पण मात्र नहीं है, उसका एक लोक पक्ष भी है। वर्णव्यवस्था के अन्तर्गत दास प्रथा की जटिलता को कवि ने भक्ति के आवरण में ढँक कर उसे मुक्त किया है। कबीर आदि सन्तों ने जिस दास या निम्न वर्गीय वर्ण व्यवस्था पर

नाना प्रकार के व्यंग्य बाण चलाकर उन्हें ध्वस्त करने का प्रयत्न किया है, ठीक उसके प्रतिकूल तुलसी ने उसे भक्ति से जोड़कर कितनी निम्नवर्गीय जातियों को पूज्य एवं श्लाघ्य बना दिया, कहीं व्यंग्य नहीं, कही कटुता नहीं और किसी के प्रति आक्रोश भी नहीं। 'निषाद' श्रीराम से केवल इतना ही हठ करता है कि वह बिना चरण धोए उस पार नहीं उतारेगा–बहाना था, आपके चरणों की रज के स्पर्श से कठोर वस्तुएँ यहाँ तक कि पत्थर शिलाएँ भी नारी बन जाती हैं। मेरी नौका अगर नष्ट हो गई तो परिवार का उदर पोषण कैसे करुँगा? उसके हठ को राम स्वीकार करके अपना चरण धुलवाते हैं और उनका चरणामृत पान करके वह परिवार सहित, पितरों सहित स्वर्ग का अधिकारी बन जाता है। अभी तक ब्राह्मण एवं ऋषि-मुनि ही स्वर्ग के अधिकारी थे, तुलसी एक त्याज्य निषाद को यहाँ स्वर्ग का अधिकारी बना देते हैं।

रामचरितमानस में उच्च वर्ग क्षत्रिय तथा ब्राह्मण ही मुक्ति की चर्चा नहीं करते। लांछिता अहल्या नारी, मांसभक्षी गृद्ध, शबर पत्नी शबरी के लिए भी मुक्ति की चर्चा है। राम के संसर्ग में आने वाले रावण, कुंभकर्ण, मेघनाद को भी तुलसी उनके नीच कृत्य के कारण अधोगति नहीं प्रदान करते। वे राम के हाथों मरते हैं, भले ही अमर्ष भाव से जुड़े हों, भले ही उनकी पत्नी का अपहरण किया हो, उन्हें अनायास नाना प्रकार के संकटों को भोगने के लिए विवश किया हो, किन्तु राम सबको भुलाकर सम्पूर्ण राक्षसों को मुक्ति देते हैं। भागवत भक्ति की इस अवधारणा के पीछे मन्तव्य यही है कि इन असहायों के पास श्रीराम के अतिरिक्त और कोई सम्बल नहीं है। उनकी अहन्ता तथा आत्मगर्व सब राम के साथ जुड़कर मुक्तिमयी हो उठते हैं। जिसे राम एक बार देख लें वह मुक्ति मार्ग से जुड़ जाएगा–राम जिस भी तरह से उसे देखें। विनयपत्रिका में तुलसी कहते हैं कि–

कृपा कोप सतभायेहु तिरछेहु राम निहारे हेरे।
जो चितवनि सौंही लगे, सो चितइये सबेरे॥

जिनमें अभिमानवश अज्ञता है, जिनमें अज्ञानवश श्रीराम की समझ नहीं है, जो उपेक्षावश श्रीराम को समझने से कतराते हैं ऐसे अहमन्य, अज्ञानी, श्रीराम द्वेषी के लिए श्रीराम की कृपा आवश्यक है और तुलसी ऐसे निम्न वर्ग–आभीर, यवन, किरात, खस, राक्षस, असुर आदि सभी के लिए अपनी भक्ति का पथ खोलकर उन्हें श्रेष्ठता और सामाजिक उच्चता से निरन्तर जोड़ते हैं–

पुरुष नपुंसक नारि वा जीव चराचर कोइ।
सर्वभाव भज कपट तजि मोहिं परम प्रिय सोइ॥

× × ×

एहिं विधि जीव चराचर जेते। त्रि जग देव नर असुर समेते॥
अखिल विस्व यह मोर उपाया। सब पर मोहिं बराबर दाया॥

तुलसी जितने शान्तिप्रिय तरीके से अपनी श्रीराम की कृपामयी भक्ति से निराश्रित समाज के दलित वर्ण को जोड़कर उन्हें राममय बनाते हैं, वह लोकमंगल का विस्तार है। तुलसीदास की अपनी अवधारणा है कि राम की भक्ति से जुड़कर अधम-से-अधम व्यक्ति एवं वर्ग तथा वर्ण श्रेष्ठ सम्मान एवं श्रद्धा का अधिकारी बन जाता है और स्वयं जीवन पर्यन्त तथा मृत्यु के बाद भी ऐसे ही श्रेष्ठ भक्तों को श्रीराम चाहते हैं। विनय पत्रिका में मुक्ति की कामना करते हुए तुलसी श्रीराम से अपने रहने के लिए थोड़ी-सी भूमि माँगते हैं, वह अजामिल के घर के सामने। श्रीराम से जुड़ी भक्ति की श्रेष्ठता के कारण विभीषण तथा हनुमान समाज में श्रद्धा एवं पूजा के विषय बने हैं। सम्पूर्ण रामचरितमानस में चार पात्र श्रीराम के लिए सर्वथा एवं सर्वाधिक प्रिय हैं—भरत, विभीषण, हनुमान तथा अंगद।

तुलसी समाज में भक्ति को लोकादर्श की एक मानक व्यवस्था के रूप में स्थापित करते हैं और उसके सम्पर्क में आने वाले हेय तथा समाज के त्याज्य वर्ग को निरन्तर श्रेष्ठता से सम्पृक्त बनाने के प्रति सक्रिय हैं। उनकी दृष्टि में नैतिकता एक श्रेष्ठ सामाजिक मूल्य है किन्तु भक्ति से जुड़ जाने के बाद समाज के लिए और भी अधिक ग्राह्य हो उठती है। श्रीराम के स्वीकार करने के बाद कवि की नैतिक श्रेष्ठता स्वयं में दिव्य बन जाती है। इस प्रकार, भक्ति केवल भक्त की ऐकान्तिक साधना मात्र न होकर उसके लोकाश्रयण की सामाजिक श्रेष्ठता का एक मानक भी है। इस मानक की तुलना में अन्य श्रेष्ठ मांगलिक मूल्य थोपे हुए लगते हैं। तुलसी के अनुसार श्रीराम से जुड़ा लोक जीवन ही श्रेष्ठ तथा श्रद्धा का मानक है। नैतिक परम्परित आर्य मूल्यों को श्रीराम की भक्ति से जोड़कर देखने पर उनका महत्त्व एवं स्वरूप श्री सम्पन्न हो उठता है, ऐसी तुलसी की मान्यता है। उनकी यह अवधारणा उनकी अतिशय रामभक्ति तथा अनन्य आस्था का प्रतिफल है। तुलसी की भक्ति दीन, दलित, अधम, निम्न वर्ग, शोषित, दमित, सताए हुए, उपेक्षित सभी को आश्रय ही नहीं देती, भक्ति से जोड़कर उन्हें सामाजिक श्रेष्ठता भी दिलाती है।

3. शील रचना तथा लोक रक्षण की प्रतीकबद्धता—तुलसी की समाज

रचना के मूल में ऐसे प्रतीकों की स्थापना भी है, जो सोते-जागते, संकट एवं अन्याय के क्षणों में सहज ही लोकधर्म का आधार बन सकें। तुलसी के राम सर्वगुण सम्पन्न, सम्पूर्ण नैतिक मूल्यों की समग्रता एवं लोक जीवन के आदर्श हैं। ऐसे ही सामाजिक आदर्श से सम्पन्न व्यक्ति की वाल्मीकि को भी तलाश थी। नारद ने उन्हें राम के विषय में अवगत कराया। वाल्मीकि के राम परम्परा के उदात्त गुणों के प्रतीक बनकर हजारों वर्षों से चले आ रहे हैं। तुलसी के युग में वे ब्रह्म रूप राम लीला पुरुष थे–जिन्होंने मानवीय मंगल की स्थापना के लिए अवतरण लिया था। परम्परा के राम को तुलसी ने लोकोपकारी रूप से एक बेहतर रूप दिया–लोक उद्धारक का। प्रत्येक संकट, प्रत्येक पीड़ा, प्रत्येक दुःख, प्रत्येक जीवनचर्या, प्रत्येक आचरण के राम आश्रय हैं–यहाँ तक कि जम्हाई लेने, रोने, मरने के क्षण भी बिना राम के नहीं रह सकते। राम सर्वद्रष्टा हैं, नियन्ता हैं, दाता हैं, रक्षक हैं, भय से मुक्तिदाता हैं, लोक के संकटग्रस्त व्यक्ति के लिए अन्तिम रूप से अभयदाता हैं। तुलसी ने राम को नैतिकशील एवं सदाचरण से जोड़कर न केवल समग्र समाज के लिए आदरणीय बनाया है, वरन् समाज को पूरी तरह से भयमुक्तिदाता का एक आधार तथा आश्रय देकर संकट की घड़ी में भय से उबरने के लिए आलम्बन भी दिया है। शीलरचना तथा लोकरक्षण के लिए श्रीराम आज भी पीड़ित एवं निराश्रित व्यक्ति के लिए सबसे बड़े आधार हैं।

भारतीय संस्कृति में 'कंस' तथा 'रावण' लोकात्मक अन्याय तथा पीड़ा के प्रतीक बनकर चले आ रहे हैं। तुलसी ने राक्षसी वृत्ति की व्याख्या करते हुए रावण को उसी से सम्बद्ध किया है। श्रीराम के द्वारा भले ही उन्होंने उसे मुक्ति दिलाई हो–किन्तु जब घोर अन्याय एवं अत्याचार का समाज में प्रश्न उठता है, 'रावण तथा राक्षस' दोनों एक साथ प्रतीकबद्ध उत्पीड़न-हिंसा तथा अन्याय के प्रतिनिधि बनकर सामने आ खड़े होते हैं। 'राम एवं रावण' सामाजिक हितैषिता एवं अन्याय के विलोमार्थी प्रतीक हैं और स्वयं तुलसी भी कभी-कभी प्रतीक के रूप में इनका प्रयोग करते हैं। एक लोक का रक्षक है तो दूसरा लोकभक्षक एवं समग्रतः अन्यायी तथा हिंसक। तुलसी समाज में इन दोनों परस्पर विरोधी प्रतीकों, चरित्रों तथा आचारणधर्मी व्यक्तित्वों के द्वन्द्व से 'अन्याय पर न्याय की विजय' 'असत् पर सत् की विजय' जैसी अवधारणा को लोक के लिए व्यापक तथा मान्य बनाते हैं। आज भी भारतीय हिन्दू समाज में प्रातः न कोई 'रावण' का नाम लेना चाहता है और न चित्र में उसका मुँह देखना चाहता है। शुभ राम एवं अशुभ रावण का द्वन्द्व भारतीय जनमानस की वासनात्मक चित्तवृत्ति का आज अंग बन चुका है। मानव जाति की चित्त की

भावदशा के इसी 'ग्रहणीय-अग्रहणीय' दोनों पक्षों को चारित्रिक शील के नाम से पुकारा जाता है और तुलसी की रामकथा ने लोक मानस को इस द्वन्द्वात्मक शील से सर्वदा-सर्वदा के लिए जोड़ रखा है।

तुलसी की राम कथा में इन्हीं दो चरित्रों का ही शील विन्यास नहीं हुआ है। तुलसी मानस के पात्रों के चारित्रिक वैशिष्ट्य की बार-बार पुनरावृत्तियों द्वारा उन्हें पाठक की वासनात्मक चित्तवृत्ति का अनिवार्य अंग अर्थात् शील बना देते हैं। तुलसी के पाठकों के मन में संचित् कवि निर्मित यह शील तत्त्व उनके मन से रोते, जागते, उठते, बैठते कभी भी नहीं टूटता। श्रीरामचरित-मानसकार का यह योगदान भारतीय संस्कृति के लिए एक अभूतपूर्व भेंट है। भरत भ्रातृत्व निष्ठा के अप्रतिम प्रतीक हैं, हनुमान श्रीराम की दास्य भक्ति के अनन्यतम दृष्टान्त हैं।

4. नैतिक आदर्शों की पराकाष्ठा : राम राज्य के आदर्श–रामराज्य के सन्दर्भ में पहले विंस्तारपूर्वक कहा जा चुका है--किन्तु उसका यह पक्ष नितान्त आवश्यक है कि कैसे लोक रक्षण का व्यक्तिगत संदर्भ समाज से जुड़कर अन्ततया एक प्रामाणिक आदर्श व्यवस्था या रामराज्य का रूप ले लेता है। रामराज्य की यद्यपि अवधारणाएँ पूर्वकालिक हैं--वाल्मीकि, अध्यात्म रामायणों तथा भागवत् पुराण में इसके संदर्भ हैं किन्तु तुलसी का रामराज्य अतीत और अपने युग की आवश्यकता एवं मानकों से पूरी तरह से जुड़ा है। मध्यकालीन सामाजिक अवधारणा के समक्ष लुप्तप्राय भारतीय अस्मिता का पुनर्स्थापन तुलसी का रामराज्य है। अभी तक सम्राट, राजाओं, बादशाहों के राज्यों को जनता देख रही थी। तुलसी ने अपने समाज को अवसर दिया कि वह रामराज्य को भी देखे। रामराज्य के लिए रावण जैसे क्रूर आतंकवादी, राक्षसराज एवं उसकी समस्त आंतक उत्पन्न करने वाली सेना का समूह विनाश ही नहीं, बची-खुची राक्षस जाति की विभीषण की सत्ता में बदलाव तथा अयोध्या की प्रजा एवं परिवारजन के बीच कहीं कोई विषाद नहीं है। रांम त्रैलोक्य के राजा हुए और सम्पूर्ण जगत उनकी प्रजा। त्रेता सत् युग में परिवर्ति हो गया। सभी श्रेष्ठतम शुभ मूल्यों से मंडित हो उठे। व्यक्ति का आदर्श, व्यक्ति का आचरण, व्यक्ति का विश्वास, उनकी जीवन शैली सब कुछ राम के राजा होते ही बदल गई। वही अयोध्या, वही प्रजा, वही ऋषि-मुनि, वही देवगण 'रामराज्य' में सर्वतोत्कृष्ट लोकमंगल की अभिलाषा से जुड़ गए। कहीं कोई अल्पमृत्यु नहीं, किसी प्रकार की कोई पीड़ा नहीं–समस्त जनसमुदाय के आचरण स्वयं श्रेष्ठतम मंगलविधायी हो उठे। वे नैतिक मानक जिन्हें मानस की रचना के प्रारम्भ करते समय ही कवि इंगित करने लगता है,

वे रामराज्य में पुण्य की भाँति खिलकर लोकाकांक्षा के वृहत्तर मन्तव्यों से मंडित हो महमहा उठे। कवि रामचरितमानस में आदर्श की जिन इकाइयों को विविध चरित्रों तथा घटनाओं से स्थल-स्थल पर इंगित करता हुआ सम्पूर्ण कथा के विकास के ताने-बाने बुनता है, जैसे वे सब 'रामराज्य' बनकर अपनी सम्पूर्ण निष्पत्ति पा चुके हों। रामराज्य कवि का सामाजिक-मांगलिक स्वप्न ही नहीं है, उसकी निष्ठा का अंग भी है और वह विदेशी सत्ताधारियों, उन सत्ताधारियों के भोग विलास के सहयोगी भारतीय नरेशों तथा सामन्तों को दिखाना भी चाहता है, भारतीय अस्मिता की श्रेष्ठतम झाँकी और यह झाँकी अन्ततया रामलीला के साथ जुड़कर लोक के जन-जन के लिए पुलक और हर्ष का कारण बनती जा रही है।

राज्य की अवधारणा सामान्य जन के अधिकतम आनन्द एवं संकट मुक्ति के लिए है। दैवी आपदाओं एवं भौतिक संकटों से छुटकारा दिलाना इसका पहला धर्म है। दूसरी ओर प्रजा का सम्पूर्ण आचरण राज्य की जनता का अपना आचरण है और इसी आचरण के प्रति पूरी तरह से सजग होकर अपने युग की निराश तथा निरीह जनता को कवि समझाता है, एक आदर्श के द्वारा, एक व्यवस्था के द्वारा, एक राजा के आचरण एवं उनके राज्य द्वारा ही संकटों को हटाया जा सकता है। यह रामराज्य इस प्रकार, तुलसी के लोकरक्षण का अन्तिम निष्कर्ष एवं समाज के सामने ऐसा आदर्श मानक है–जिसे राज़ा-प्रजा, ऋषि-मुनि, देव-गंधर्व, प्रकृति तथा सम्बद्ध अधिदैवत् तत्त्व सभी, देशी-विदेशी नरेश, सामन्त एवं राजा श्रेष्ठतम धर्म के रूप में स्वीकार करें।

भारतीय संस्कृति लोक तथा मर्यादावाद के घटकों से निर्मित हुई है। वाल्मीकि रामायण की रामकथा दोनों को एक में जोड़े हुए उन्हें साथ ले चलती है। भारतीय रामकथा सदैव इस लोक मर्यादावाद को अपना अंग बनाए रही है। परवर्ती रामायणों के संवेदना संदर्भ भले ही बदले हों किन्तु पात्र तथा कला के विधानक्रम में परिवर्तन थोड़ा-बहुत ही हुआ है, अधिक नहीं। तुलसी तक आते-आते सम्पूर्ण रामकथा भक्ति की संवेदना से ओतप्रोत हो उठी किन्तु इस भक्ति के मूल में लोक तथा मर्यादावाद के तत्त्वों को बहुत सोच-समझकर मढ़ा गया है। तुलसी की भक्ति स्वयं लोकमर्यादावाद की पोषक है और लोक यहाँ लोक सम्बन्धों की भक्तिमयी भावना तथा सामाजिक मर्यादावाद का अंग है। लोकाचरण एवं भक्ति के मूल में तुलसी की समन्वय दृष्टि मानस के मंच पर लोकमंगल, धर्म एवं भक्ति को एक साथ जोड़कर बैठती है। लोकाचरण की निष्ठा के साथ अन्य पात्रों का विश्वास एवं उनकी आत्मीयता देखते-देखते एक हो उठती है–भरत, विभीषण, हनुमान, लक्ष्मण,

अंगद आदि पात्र इसके प्रमुख उदाहरण हैं।

निष्कर्ष रूप से, कहा जा सकता है कि अपनी कृति में व्यक्ति के वैयक्तिक आदर्श की निष्ठा को समूह एवं समाज की निष्ठा में विकसित करता हुआ कवि अन्ततया सामाजिक व्यवस्था को राज्य व्यवस्था को अंग बना देता है। एक व्यक्ति ही नहीं, सम्पूर्ण समाज अन्ततया उसके आदर्श परिपूर्ण लोकरक्षक व्यवस्था को अपने अन्तिम आदर्श के रूप में स्वीकृति प्रदान करने लगता है। गोस्वामी तुलसीदास के लोकरक्षक व्यक्तितत्व की यह सबसे बड़ी विशेषता है।

❑

9.

कलियुग धर्म और तुलसीदास

कलियुग भारतीय पौराणिक कल्पना-सदाचरण एवं अनाचरण की पराकाष्ठा के बिन्दुओं से जुड़ा हुआ है। भारतीय परम्परा इतिहास को नैतिकता की दृष्टि से चार भागों में बाँटती है—सत्युग, त्रेता, द्वापर एवं कलियुग। समस्त वैदिक परम्परा—अर्थात्, वेद, उपनिषद्, आरण्यक एवं ब्राह्मण ग्रंथों के काल की भारतीय परम्परा सत्युग है। यहाँ साक्षात् धर्म ही ईश्वर होता है। श्रीराम राज्य की परम्परा त्रेतायुग से जुड़ती है और श्रीकृष्ण से जुड़ी सामाजिक तथा नैतिक मर्यादा का काल द्वापर का है। द्वापर के बाद भारतीय इतिहास के नन्दवंश साम्राज्य से कलियुग का प्रारम्भ होता है। पुराणों में महाराज परीक्षित के बाद कलियुग का प्रारम्भ होता है। कलियुग के अन्तिम चरण में भगवान् विष्णु का कल्कि अवतार होगा—उनकी शरीर की सुगन्धि से श्रेष्ठ मूल्यों का पृथ्वी पर उदय होगा और पुनः सत्युग का जन्म होगा। भारतीय काल विभाजन से भिन्न कार्ल मार्क्स ने अपने सामाजिक विश्लेषण के आधार पर चार कालों की गणना की है—(1) चरागाह युग, (2) कृषि युग, (3) उद्योग युग, (4) वर्गविहीन समाज रचना। भारतीय काल विभाजन नैतिकता तथा धर्मपरायणता से सम्बद्ध है, कार्ल मार्क्स का विभाजन भौतिक सभ्यता एवं पूँजीवादी व्यवस्था से सम्बद्ध है। पश्चिम की तुलना में भारतीय सभ्यता का विकास एवं इतिहास भौतिक व्यवस्था से एकदम भिन्न है। वैदिक आर्यों की आरण्यक संस्कृति नैतिक मूल्यों से जुड़ी है। वाल्मीकि रामायण तथा महाभारत काल के पूर्व का भारतीय इतिहास आध्यात्मिक विकास के शीर्ष से जुड़ा है। जीवन-यापन तथा सामाजिक व्यवस्था के संचालन के चार धर्म थे—

कृते प्रवर्तते धर्मश्चतुष्पात्तज्जनैर्धृतः॥
सत्यं दया तपो दानमिति विभोर्नृपः॥
सन्तुष्टाः करुणा मैत्राः शान्तादान्तास्तितिक्षवः॥
आत्मारामाः समदृशः प्रादशः श्रमणा जनाः॥

सतयुग में धर्म के चार चरण होते हैं, सत्य, दया, तप एवं दान। यहाँ धर्म ही ईश्वर होता है। इस युग के व्यक्ति सन्तोषी, करुण भाव से परिपूर्ण, मैत्री, शान्ति, दान्त (इन्द्रियों को वश में किए सुख-दुःख को समान भाव से सहते) हैं। समदर्शी, आत्म सन्तुष्ट एवं श्रेष्ठतम इन नैतिक मूल्यों के लिए प्रयत्ननिष्ठ रहते हैं।''

भारतीय संस्कृति का वैदिक काल (ऋग्वेद से लेकर ब्राह्मण ग्रंथों तक का समय) इन्हीं आध्यात्मिक मूल्यों से सम्पृक्त है। इस कालखंड का जो भी साहित्य हमें प्राप्त होता है, वह श्रेष्ठता का प्रतीक रूप है और इसे हम न कार्ल मार्क्स का चरागाह युग कह सकते हैं और न कृषि युग। पश्चिमी देशों के सांस्कृतिक विकास का इतिहास वह नहीं है, जो भारतीय संस्कृति का। आर्य सभ्यता के पूर्व सम्भव है, भारत की कोई विशिष्ट संस्कृति रही हो किन्तु हमें उसके साक्ष्य मोहन जोदड़ो एवं हड़प्पा के रूप में नगरीय सभ्यता के अवशेष के रूप में मिलते हैं, किन्तु इतिहास सम्मत जो भी भारतीय साक्ष्य है, उससे भारत का सत्युग रूप ही हमारे सामने आता है।

मानव सभ्यता के विकास के साथ-साथ परम्पराएँ टूटती हैं। त्रेतायुग में 'असन्तोष, काम, असत्य, हिंसा को कुछ बढ़ावा मिला और पूर्व कथित सत्यादि धर्मों का चौथाई भाग नष्ट हो गया।

भारतीय संस्कृति के विकास का तीसरा सोपान महाभारत एवं कृष्ण युग है—इसे द्वापर कहा गया। इस युग में लोभ, असन्तोष, अभिमान, दया, मात्सर्य आदि मूल्यों का विकास हुआ किन्तु श्रेष्ठ वैदिक मूल्यों के प्रति ललक एवं प्राप्त करने के प्रति पर्याप्त उत्साह दिखाई पड़ता है। सत्य, दान, तप एवं शौच का अर्धांश पतन हुआ। महाभारत के शान्ति पर्व में अनेक परिवर्तित मूल्य भी देखे जा सकते हैं।

भारतीय जीवन मूल्यों का अधः पतन कलियुग से हुआ। जैसा कि कहा गया है, यह महाराजा परीक्षित के बाद या नन्दकालीन राजाओं से शुरू हुआ। परम्परित श्रेष्ठ मूल्यों में से मात्र दान अवशिष्ट बचा-शेष लुप्त हो गए। झूठ, कपट, तन्द्रा-निद्रा, हिंसा-विषाद, शोक, मोह, भाय, दीनता, लोभ, पाषंड, दुराचार, लोलुपता, कामातुरता आदि दुर्गुणों से समाज आक्रान्त हो उठा।

कार्ल मार्क्स निर्धनता से धन सम्पन्नता की ओर और सम्पन्नता से शोषण की दृष्टि तथा शोषण के बाद वर्गविहीन समाज के विकास की बात करते हैं किन्तु भारतीय परम्परा ठीक इसके विपरीत है। भारतीय समाज-रचना की प्रारम्भिक स्थिति नैतिक तथा आध्यात्मिक मूल्यों की शीर्ष पराकाष्ठा से शुरू होती है। ये नैतिक मूल्य रामायण एवं महाभारत काल में टूटे तथा समाज का

नैतिक मूल्यों का ढाँचा शिथिल होता गया। भारत टूटता गया और ई० पू० पाँचवीं शती में नन्दवंश के नरेशों के काल से शक्ति एवं सत्ता प्राप्त करने के लिए हिंसात्मक प्रयासों में बढ़ोत्तरी शुरू हुई और मौर्य वंश, गुप्त वंश आदि और बाद में विदेशी आक्रमणों के बाद अन्त में भारतवर्ष की सामाजिक व्यवस्था के शासकों की स्थिति इस प्राकर हो उठेगी–

असंस्कृताः क्रियाहीनाः रजसा तमसाऽवृताः।
प्रजास्तेभक्षष्यिन्ति म्लेच्छा राजन्यरूपिणः॥[4]

भागवत पुराण की रचना आठवीं शती में हुई थी। दक्षिण भारत में जहाँ आक्रान्ता म्लेच्छों का प्रभाव न के बराबर था। सातवीं शती में मुसलमानों ने मुहम्मद बिन कासिम के नेतृत्व में सिन्ध प्रान्त पर पहला हमला किया था। मुहम्मद गोरी ने 10वीं शती में भारत पर आक्रमण किया फिर भी, इस समय तक भारतीय जन–जीवन तथा सामन्तवाद में परम्परति नैतिक मूल्यों का क्षरण हो चुका था। गोस्वामी तुलसीदास हुमायूँ, अकबर एवं जहाँगीर के शासन काल में सोलहवीं तथा सत्रहवीं शती में थे। उन्होंने भारत के उत्तर, दक्षिण, पूरब, पश्चिम के भागों का पूर्ण भ्रमण किया था। वे अयोध्या, चित्रकूट, प्रयाग एवं काशी जैसे धार्मिक स्थलों पर रहकर मुसलमानों के अत्याचारों एवं सामाजिक अनाचारों की कथाएँ सुन चुके थे। यही नहीं, वे राम के नाम एवं उनकी भक्ति के आश्रय पर जाति व्यवस्था को तोड़कर एक साथ सभी भारतीयों को समन्वयात्मक मंच पर ले आना चाहते थे। कबीर आदि सन्त जिन टिप्पणियों को मुक्त पदों में कहते हैं, तुलसी उनसे अधिक तीखे प्रहार अपनी कृतियों के कथा संदर्भों में करते हैं। तुलसी वर्णाश्रमवादी या ब्राह्मणवादी न होकर समन्वय एवं संगठनवादी हैं। वे कलियुग वर्णन के लिए दो स्थानों को चुनते हैं–श्रीराम की पवित्र नगरी अयोध्या एवं शिव की आदि नगरी काशी। वे राजाओं का राज्य दिल्ली तथा आगरा नहीं चुनते। वे कलियुग की अधर्म कथा का केन्द्र पवित्र अयोध्या तथा काशी को बनाते हैं–इसीलिए कि हम भारतीयों की आँखें अब भी अपने पवित्र देवस्थानों की गर्हित दुर्दशा देखकर सुधरें तो। वे सचेष्ट भाव से अयोध्या के कलियुग की पतितावस्था पर टिप्पणी देते हुए कहते हैं–

धन मद मत्त परम बाचाला। उग्र बुद्धि उर दंभ बिसाला॥
जदपि रहेउँ रघुपति रजधानी। तदपि न कुछ महिमा तब जानी॥

× × ×

---

4. देखिए, भागवतपुराण–द्वादश स्कन्ध, पृ० 769 से 784, गीताप्रेस

अवध प्रभाव जान तब प्रानी। जब उर बसहिं रामु धनुपानी॥
सो कलिकाल कठिन उरगारी। पाप परायन सब नर नारी॥

सारे अयोध्यावासी पाप परायण हो उठे हैं। वे इस पवित्र स्थल के प्रभाव को इसलिए नहीं समझ पा रहे हैं कि अब उनके हृदय में श्रीराम का निवास नहीं है। इसी प्रकार, काशी की भी दशा है। शिवभक्ति से विमुख काशीवासी कलि की कदर्थना से परेशान संकटग्रस्त हैं। राम और शिव के ये ऐतिहासिक धार्मिक नगर पापाविष्ट हैं। कलिप्रभाव के कारण कवि के अनुसार यही स्थिति पवित्र नगरी उज्जयिनी की भी है।

सामान्य रूप से भारतीय परम्परा के काल के इस विशाल विभाजन को सत्युग, त्रेता, द्वापर एवं कलियुग के नाम से पुकारा जाकर पुनः उसका समापन बताया गया है। चारों युगों की समाप्ति के बाद काल का एक कल्प पूरा होता है और पुनः क्रमशः सत्युग, आदि की उसी क्रम में आवृत्ति होती रहती है। कलियुग इस कल्प व्यवस्था का अन्तिम काल खंड है और इसे अधर्म तथा पापाचार का मूल आश्रयस्थल माना गया है। कार्लमार्क्स के अनुसार द्वन्द्ववाद सामाजिक व्यवस्था तथा काल परिवर्तन का कारण होता है–भारतीय व्यवस्था के अनुसार मानव स्वभाव में उत्पन्न विकृतियाँ एवं नियति इस परिवर्तन का कारण है। तुलसी मानव स्वभाव की उत्पन्न विकृतियों को ही इस काल परिवर्तन का मूल कारण मानते हैं, कभी-कभी नियति भी इस परिवर्तन में सहयोगी हो उठती है। मानव स्वभाव की विकृतियों का उल्लेख करता हुआ कवि कहता है–

भये लोग सब मोह बस लोभ ग्रसे सुभ ग्रंथ।

इस वैयक्तिक लोभ तथा मोहवासना ने लोक के चित्त को विकृत कर डाला। दंभ, आचरणहीनता, मन, वाणी कर्म से लबारयन, काम, क्रोध से आविष्ट चित्त, मिथ्या अहंकार आदि वासनाओं से घिरे समाज में अधोपतन ही दिखाई पड़ने लगा। कलियुग की सम्पूर्ण विकृतियाँ भौतिक विकास से उत्पन्न सभ्यता की विकृति है। कलियुग का अर्थ है, आध्यात्मिक-विकास से जुड़े सर्वहितवादी चिन्तन के ठीक प्रतिकूल शुद्ध भौतिक आकांक्षाओं से प्रेरित समाज की स्थिति। भारत हमेशा आध्यात्मिक आस्थावादी देश रहा है और ठीक उसके प्रतिकूल एवं विलोमार्थों शब्द है, कलियुग। सत् युग के ठीक उल्टा कलियुग-अध्यात्मक के ठीक प्रतिकूल भौतिक संसक्तियों के पीछे पागल घूमने वाली जनता का युग। सत्युग एवं कलियुग इस प्रकार दो लोकास्थाओं के प्रतीक हैं और भारत की निष्ठा अध्यात्मवादी होने के कारण वह निरन्तर भौतिकवादी कलियुग का विरोधी रहा है।

गोस्वामी तुलसीदास इस भौतिक आकांक्षाओं से संसक्त लोक सत्य का बार-बार उल्लेख करते हैं। आदर्शवादी मूल्यों का पतन तथा यथार्थवादी व्यवस्था का विकास इस कलियुग का लक्षण है। आज भौतिकता के विकास को समाज विकास के संदर्भों से जोड़कर हम गौरवान्वित हैं किन्तु मानव जाति की सुरक्षा अन्तिम रूप से शुभ मूल्यों से सम्बद्ध है–

बरन भये संकर कलि भिन्न सेतु सब लोग।
करहिं पाप पावहिं दुःख भय रुज सोक वियोग॥

आज के मनुष्य दुःख, भय, रोग, शोक तथा अभाव की पीड़ा से ग्रस्त हैं, यह इसलिए क्योंकि वे आध्यात्मिक नहीं घोर भौतिकवादी हो उठे हैं। इस भौतिकवादिता का कारण यही है–अहं, मान, मोह, काम, कपट, हठ, दम्भ, द्वेष, पाषंड आदि मूल्य समाज रचना एवं विकास के आधार बन गए हैं एवं सात्त्विक मूल्यों का विलोप हो चुका है।

कलियुग की दशा में युग का विस्तार क्रमशः मानव चित्तवृत्ति एवं स्वभाव में परिवर्तन का कारण है। इस संदर्भ में कवितावली के अन्तर्गत कवि एक दूसरे हेतु की चर्चा करता है। कलि के धर्मों के विकास के कारण अन्याय एवं अत्याचार से जुड़े मूल्यों का विकास और उस विकास से सामाजिक एवं सामूहिक उत्पीड़न की स्थिति सम्पूर्ण समाज को क्षुब्ध कर देती है--एकदम अन्याय और अत्याचार की वृद्धि हो जाती है। कवितावली में अनेक दुर्भिक्षों एवं रोगों के दुष्प्रभाव से पीड़ित एवं कष्ट भोगती हुई जनता का चित्रण है। कवि के अनुसार यह कलि का प्रभाव है–

एक तो कराल कलिकाल सूल मूल तामे
कोढु की सी खाजु सी सनीचरी है मीन की।
वेद धर्म दूरि गए भूमि चोर भूप भये
साधु सीद्यमान जानि रीति पाप पीन की।

एक अन्य छन्द में कवि काशी की कदर्थना का वर्णन करता हुआ कहता है–

आश्रय बरन कलि विवश विकल भये
निज निज मरजाद मोटरी-सी डार दी।
संकर सरोस महामारी ही ते जानियत
साहिब सरोस दुनी दिन दिन दारदी।
नारि नर आरत पुकारत सुनै न कोऊ
काहू देवतादि मिलि मोटी मूठ मारि दी।

कलिग्रस्तता से उत्पन्न होने वाले संकटों की ओर वह श्रीरामचरितमानस में भी संकेत करता है–

तामस धर्म करहिं नर जप तप व्रत मख दान।
देव न बरषहिं धरनी बये न जामहि धान॥

गोस्वामी तुलसीदास इस प्रकार वर्तमान भौतिक सम्पन्नता की ओर बढ़ते भोगवादी समाज के द्वारा उत्पन्न सामाजिक विकृतियों की ओर भारतीयों का ध्यान आकर्षित करते हैं। ऐसा नहीं है कि वे युग की विवशता को नहीं समझते थे। अपने वर्तमान युग के संकट से भलीभाँति परिचित वे उससे उत्पन्न होने वाले संकटों से भी परिचित थे। वे मानते हैं कि सत्युग में सात्त्विकता इतनी अधिक थी–कि आध्यात्मिक मूल्यों एवं समाधि में निरन्तर मग्न जन समाज के लिए आदर्श थे। त्रेतायुग में यज्ञ तथा तप धर्म जन चेतना के केन्द्रीय आधार थे। द्वापर में भगवत् पूजा में रमकर समाज अपनी सात्त्विक आस्था की रक्षा करता रहा है किन्तु कलियुग में वह क्या करे? बहुसंख्यक समुदाय, निरक्षर, कामी, क्रोधी, लोभी है–फिर किस कर्म में वह रत होकर अपनी सात्त्विकता की रक्षा करे? तुलसी कलियुग में भक्ति को बड़ा सीधा उपाय बताते हैं–वह 'मुँह से केवल प्रभु का भजन' तथा कर्म से दान करे। 'दान' कर्म ही कलियुग की स्थिरता का आधार है और वह इसी एक चरण पर खड़ा शेष वैदिक धर्मवृषभ है–'येन केन विधि दीन्हें दान करइ कल्यान'। इस दान के साथ दूसरा सबसे सीधा मार्ग है–रामनाम का उच्चारण–'भाय कुमाय अनख आलसहूँ-नाम जपत मंगल दिसि दसहूँ'।

इस प्रकार, तुलसी 'कलिमुक्ति' के दो सीधे उपायों की चर्चा करते हैं, क्योंकि वे जानते हैं–सारे-के-सारे लोक समाज को विकृतिमुक्त नहीं किया जा सकता किन्तु उन्हें आध्यात्मिक चेतना से जोड़ा अवश्य जा सकता है। कलिग्रस्त समाज को श्रीराम से जोड़ना उनकी अपनी प्राथमिकता थी। समाज निर्माण के लिए नैतिक मूल्य अनिवार्य हैं। भौतिक आस्था से धन संग्रह हो सकता है किन्तु लोककल्याण असम्भव है क्योंकि कीचड़ से कीचड़ नहीं धोया जा सकता–"मल की जाहिं मलहिं के धोये।" धन सम्पत्ति भोग के लिए आधारभूत सामग्री है, लोक की श्रेयस् भरी भावना के लिए वह आधार नहीं है।

'प्रभु स्मरण' एवं 'दान' इन दो उपायों में कवि 'प्रभु स्मरण' को अधिक महत्त्व देता है–क्योंकि यह नितान्त सहज, सर्वथा सभी के लिए सर्वत्र आचरित होने वाला सहज साधन है। इसके लिए केवल 'वाक् शक्ति' की अपेक्षा है। नाम का स्मरण करते-करते ध्यान योग भी घटित हो उठेगा। प्रभु

के नाम स्मरण करने वाले व्यक्ति पर कलि धर्म नहीं व्यापता क्योंकि 'नर' तथा 'नर सेवक' दोनों को अभिनय की माया नहीं घेरती। श्रीराम तथा श्रीराम के सेवक दोनों से अविद्या दूर ही रहती है–

काल धर्म व्यापहिं नहिं ताही। रघुपति चरन प्रीति अति जाही॥

कलिमुक्ति का उपाय है, केवल श्रीराम के चरणों में संसक्ति मात्र और उसका प्रारम्भ 'नाम-स्मरण' से ही होता है।

श्रीरामचरितमानस को जिस दृष्टि से भी देखें, दो संदर्भ यहाँ महत्त्वपूर्ण दिखाई पड़ते हैं, प्रथम श्रीराम से जन-जन को जोड़ने की चेष्टा और द्वितीय लोक की अमानवीय वृत्तियों से मुक्ति। काम, क्रोध, लोभ, मोह, अहंकार, तृष्णा, स्वार्थ, ईर्ष्या, द्वेष से मुक्ति और दूसरा समाज को श्रीराम भक्ति के एकमात्र मंच पर स्वयं को प्रतिष्ठित करना। कवि प्रभु शरणागति को एकमात्र वासनाओं से मुक्ति का कारण बताता है। मानस रोग प्रकरण में भी यही प्रश्न है। राक्षसों के वध के संदर्भ में भी यही सारे-के-सारे संदर्भ देखे जा सकते हैं। कलिमुक्ति के प्रकरण में भी कवि काम-क्रोधादि दुर्वृत्तियों से मुक्ति चाहता है।

इस प्रकार, कवि 'कलि प्रसंग' को भी राम भक्ति का एक निषेधात्मक पक्ष मानकर उसके माध्यम से श्रीराम के प्रति आन्तरिक आस्था तथा, सामाजिक संगठन की नींव डालता है। रामराज्य जहाँ श्रीराम से जुड़ा भावात्मक पक्ष है, वहीं कलि धर्म रामभक्ति का निषेधात्मक पक्ष। युग धर्म के उस निषेधात्मक पक्ष द्वारा वह श्रीराम की भक्ति से ही समाज को जोड़ना चाहता है।

कवि कहता है कि–

सुनु व्यालादि काल कलि मल अवगुन आगार।
गुनउ बहुत कलिजुग कर बिन प्रयास निस्तार॥
कृत जुग त्रेता द्वापर पूजा मख अरु जोग।
जो गति होइ सो कलि हरि नाम ते पावहिं लोग॥
कलिजुग जोग न जग्य न ग्याना। एक अधार राम गुन गाना॥
सब भरोस तजि जो भजि रामहिं। प्रेम समेत गाव गुन ग्रामहिं॥
सोइ भव तर कछु संसय नाँही। नाम प्रताप प्रगट कलि माँही॥
कलि कर एक पुनीत प्रतापा। मानस पुन्य होहिं नहिं पापा॥
कलिजुग सम जुग आन नहिं जौं नर कर बिस्वास।
गाउ राम गुन गन विमल भव तर बिनहिं प्रयास॥

श्रीराम की सत्ता को काल सत्ता के ऊपर स्थापित करता हुआ कवि यहाँ उनकी प्रकारान्तर भाव से व्याख्या कर रहा है। अध:पतन के इस युग में न ऋषि बचेंगे, न योगी और न विज्ञानी। वेद मर्मज्ञों तथा पंडितों की तो बात ही छोड़िये। इस अध: पतन में केवल अज्ञानी समाज का साम्राज्य होगा। फिर उनकी मुक्ति के लिए आधार क्या होगा? कवि भी स्वयं कलियुग में ही जन्मा है और श्रीराम का गुणानुवाद करता हुआ वह सिद्धों की श्रेणी में रख दिया गया--इससे स्पष्ट दृष्टान्त और क्या हो सकता है? सामान्य अज्ञानान्धकार में डूबी जनता के लिए श्रीराम का नाम एवं उनके गुणों का गान तथा श्रवण केवल इतना ही कलियुग से मुक्ति के लिए आधार है। कलिकाल की करालता भी श्रीराम के नाम के प्रभाव से दूर हो उठती है। काल 'श्रीराम' की महनीय सत्ता के सम्मुख अर्थहीन हो उठता है।

इस प्रकार, कलियुग में व्याप्त सामाजिक पाखण्ड, हिंसा, दुराचार, उपद्रव, अराजकता, अज्ञान आदि से मुक्ति पाने का लोक के लिए सरलतम मार्ग है, श्रीराम के नाम तथा गुणों का स्मरण एवं गायन क्योंकि अज्ञान के अंधकार में डूबी उस युग की जनता के लिए अपनी सांस्कृतिक अस्मिता से जुड़ने के लिए अन्य उपाय मुश्किल प्रतीत हो रहे थे।

❑

10.

वाल्मीकि और तुलसी के राम : लोक परिवेश के सन्दर्भ में

महर्षि वाल्मीकि ऋषि कवि हैं। व्यास आदि श्रेष्ठ कवि हैं। तुलसी ने महर्षि वाल्मीकि के लिए 'मुनि कवि' कहा है—और उनके मन में सर्वत्र उनके प्रति आदर का भाव रहा है। टी० एल० टेसिटरी ने वाल्मीकि रामायण तथा तुलसीकृत श्रीरामचरितमानस का सर्वप्रथम तुलनात्मक अध्ययन किया था और कथावस्तु एवं प्रसंगों के आधार पर उन्होंने पर्याप्त साम्य भी दिखाया। दोनों की कथाओं में वैषम्य भी अधिक है, किन्तु यहाँ लोक जीवन के परिवेश में दोनों महाकवियों की दृष्टियों में साम्य-वैषम्य का निरूपण अभीष्ट है।

वाल्मीकि रामायण का प्रसंग नारद के आगमन एवं उनके प्रश्नोत्तर से शुरू होता है। वाल्मीकि प्रश्न पूछते हैं 'को त्वस्मिन् साम्प्रतं लोके' इस समय लोक में कौन-सा ऐसा व्यक्तित्व है, जिसका नैतिक आदर्श उसके लिए (लोक के लिए) महनीय आदर्श बन सकता है। यहाँ व्यक्तित्व के चारित्रिक गुण जो आर्य परम्परा के आदर्श तत्त्व थे, उन सबका कथन नारद करते हैं। नारद उत्तर देते हैं—

इक्ष्वाकुवंश प्रभवो रामोनाम जनैः श्रुतः।
नियतात्मा महावीर्यो द्युतिमान धृतिमानवशी॥

वाल्मीकि रामायण के नारद श्रीराम के उन सारे गुणों का विवरण प्रस्तुत करते हैं—जो आर्य विचारधारा के मूल सूत्र रहे हैं। धर्म के ज्ञाता, सत्य प्रतिज्ञ, प्रजा के हित साधन में निरन्तर लगे रहने वाले यशस्वी, ज्ञानी, पवित्र, जितेन्द्रिय, प्रजापति के समान प्रजा के पालक, श्री सम्पन्न, धर्मरक्षक, अच्छे विचार तथा उदार हृदय वाले आदि-आदि गुणों से परिपूर्ण। श्रीराम के गुणों का उल्लेख करते हुए उन्होंने रावणवध तक की सम्पूर्ण कथा सुनाई और इस कथा के पश्चात् क्रौंचवध तथा ब्रह्मा के वरदान के बाद समाधि लगाकर तथा

सम्पूर्ण रामकथा का दर्शन करके उसका प्रणयन किया। लव तथा कुश को सम्पूर्ण रामकथा का गायन सिखाकर वाल्मीकि ने उसके लोकात्मक प्रचार का एक आधार भी रखा।

वाल्मीकि कृत रामकथा की पृष्ठभूमि इतनी ही है। सामान्यतया वाल्मीकि का समय ई० पू० चौथी शती माना जाता है। तुलसी 17वीं शती के कवि हैं। वाल्मीकि तुलसी के दो हजार वर्षों पूर्व हो चुके थे और वाल्मीकि युग की मूल समस्या थी, नैतिक तथा उदात्त सामाजिक मूल्यों की संरक्षा। राम तथा रावण साथ ही दोनों पक्षों के पात्रों के बीच श्रेष्ठता तथा अधमता के बीच चुनाव का प्रश्न रखा गया और रामायण में निरन्तर यही चेष्टा की गई है कि उदात्त नैतिक मूल्यों (राम पक्ष) का वरण (अमानवीय तथा नृशंस मूल्य से) सर्वथा श्रेयस्कर है। वाल्मीकि रामायण की मूल समस्या यही है। एक चरित्र (रामचरित्र) के माध्यम से उदात्त मानवीय मूल्यों की स्थापना ताकि आर्य संस्कृति की परम्परित उदात्तता समाज में स्थायी रह सके।

वाल्मीकि ने रामकथा को कुछ ऐसा गढ़ दिया कि उसके सम्पूर्ण पात्र अपनी कथा-परम्परा में प्रतीक बन गए हैं। राम, दशरथ, भरत, लक्ष्मण, कैकेयी, सीता, हनुमान आदि सभी-के-सभी पात्र (पक्ष-विपक्ष दोनों संदर्भों के) प्रतीक जैसे हैं। राम रक्षा के प्रतीक हैं तो रावण हिंसा का। समाज के दो वर्ग-न्याय एवं अन्याय, दया तथा शोषण, रक्षा तथा विध्वंस पर सामाजिक व्यवस्था के घटित अनिवार्य पक्ष की भाँति वाल्मीकि अपने मन्तव्य को निरन्तर लोकग्राही बनाते चलते हैं। परवर्ती कवियों को यह परम्परा उसके विपक्ष के साथ बहुत बड़े सम्बल के रूप में प्राप्त हुई।

वाल्मीकि रामायण की एक और भी विशेषता है, वह है, समाज के सम्पूर्ण घटकों की सम्पूर्ण व्याप्ति के साथ संयोजन। पिता, माता, भाई, पुत्र, पुत्रवधू, परिजन, पुरजन, ब्राह्मण, क्षत्रिय, वैश्य, शूद्र, गृहस्थ, वानप्रस्थ, सन्यासी, बटुक, ऋषि, मुनि, गुरु पुनः लोक जीवन के समस्त प्रसंग पुत्र जन्म से लेकर मृत्युपर्यन्त तक के सभी सन्दर्भ कथावस्तु के साथ सर्वथा एवं सर्वत्र वर्तमान हैं। इतने विशाल कथाफलक की काव्य रचना न केवल कथा एवं चरित्रों की व्यापकता से जुड़कर अपनी गरिमा को विस्तार देती है अपितु श्रेष्ठ मूल्यों की स्थापना के लिए अवसर भी प्रदान करती है। कथा तथा लोक जीवन की व्यापकता के मूल्य परस्पर सम्बद्ध होकर मानवीय जीवन व्यवस्था को एक शालीन, सुन्दर एवं लोकोपकारी रूप देते हैं। मानवीय जीवन में आदर्शों की व्यवस्था की बलवती आकांक्षा वाल्मीकि रामायण में सर्वत्र देखी जा सकती है।

वाल्मीकि के दो हजार वर्षों बाद कवि तुलसी ने रामकथा को ग्रहण किया जो वाल्मीकि की रही है। कथा, पात्र तथा सृजन के वाह्य मन्तव्य तथा लोकादर्श तुलसी और वाल्मीकि के एक जैसे हैं। लोक जीवन के सम्बन्धों में निहित नैतिक मूल्यों की परम्परित सार्थकता को तुलसी तद्वत् स्वीकार करते हैं। इन सबके होते हुए भी और अधिक गम्भीरता से विचार करने पर प्रतीत होता है कि तुलसी वाल्मीकि कथा की पुनरावृत्ति नहीं चाहते। एक जैसी कथा, एक जैसे पात्र होते हुए भी तुलसी की रामकथा तुलसी की है और वाल्मीकि रामायण की रामकथा वाल्मीकि की है।

वाल्मीकि का मूल उद्देश्य था, कथा को आधार बनाकर मूल्यपरक आख्यान काव्य की रचना करना। तुलसी की रामकथा का उद्देश्य है, प्रभु श्रीराम की लीला का गुणगान करना। तुलसी की कथा कथा न होकर प्रभु श्रीराम की लीला कथा का गान है उनके अनुसार मानस के आदि, मध्य तथा अन्त अर्थात् सर्वत्र सम्पूर्ण कथा में भगवान राम की लीला का गान है। जन्म से लेकर राम राज्याभिषेक की कथा यहाँ श्रीराम की लीला का गुणानुवाद है। चरित्र और कथा जिसे वाल्मीकि प्रमुखतापूर्वक अपने सृजन का आधार बनाते हैं, तुलसी के अनुसार वह प्रभु की लीला मात्र है और इस लीला का मुख्य उद्देश्य है—लोक का अनुरंजन। वाल्मीकि रामायण और श्रीरामचरितमानस का सबसे बड़ा अन्तर यही है कि यहाँ कथाफल, चरित्र योजना तथा उसकी संगति सभी मानवीय मूल्यों के लिए आदर्श का कार्य करते हैं—जबकि मानस में यह प्रभु की अवतरण लीला है और भक्तगण केवल इस लीला से आनन्दित होते हैं, कथा तथा लोक चरित्र का फल उसी लीला का अंग है। कथा तथा चरित्र के सुखात्मक तथा दु:खात्मक रूप से वे कहीं प्रभावित नहीं होते। इस प्रकार, तुलसी की रामकथा प्रभु श्रीराम के अवतरण की लीला कथा है किन्तु वाल्मीकि की कथा जीवन की यथार्थ जैसी घटित कथा है। तुलसी की कथा भिन्न हैं, वाल्मीकि कथा भिन्न है।

प्रभु श्रीराम का अवतरण एक दैवी घटना है। इस अवतरण के अनेकानेक हेतु हैं। तुलसी नारद प्रसंग, मनु शतरूपा कथा, जलंधर शाप, शिव के द्वारपाल जय-विजय की कथा, प्रताप भानु की कथा आदि को उनके अवतरण का कारण बताते हैं। प्रभु के अवतार हेतु क्या हैं, इसे निश्चिततापूर्वक कहा नहीं जा सकता **प्रभु अवतार हेतु जेहिं होई। इदमित्थं कहि जाइ न सोई।** प्रभु स्वयं अपनी स्वयं की विलासेच्छा लीला भावना से प्रेरित होकर अनेक रूपों में किसी भी समय अवतरित हो सकते हैं। रावण की अनीति एवं पृथ्वी समेत देवगणों के कष्टों को दूर करना भी उनका अभीष्ट

था–किन्तु सब कुछ उनकी अपनी स्वतंत्र शक्ति एवं स्वयमेव की इच्छा है–कौन-सा रूप धारण करूँ, कौन-सी क्रियाएँ करूँ, भक्तों को किस प्रकार आनन्द दूँ, आदि-आदि सर्वथा सर्वतंत्र स्वतंत्र सन्दर्भ हैं जो वाल्मीक कृत रामायण के अभीष्ट से सर्वथा भिन्न है। वाल्मीकि के राम जन्म लेते हैं–तुलसी के राम प्रकट होते हैं। वाल्मीकि राम अपने किए गए कर्मों के सुख-दुःख के भोक्ता हैं किन्तु तुलसी के राम नट की भाँति, लोक मंच पर अभिनेता की भाँति अभिनय करते हुए कर्म के सुखदुःखात्मक फल से मुक्त स्थितप्रज्ञ की भाँति कर्मफल के दर्शक हैं। तुलसी और वाल्मीकि के राम दोनों दो भिन्न राम हैं, एक नहीं हैं।

वाल्मीकि युग की सबसे महत्त्वपूर्ण समस्या थी–आर्य और अनार्य जातियों के जीवन मूल्यों एवं संस्कारों के बीच हो रहे मेल-मिलाप के कारण विकृतिप्राय आर्य संस्कारों की रक्षा करना। वाल्मीकि के राम अपने युग के मर्यादित 'आर्य' व्यवस्था के प्रतीक पुरुष हैं किन्तु तुलसी के युग की एक दूसरी समस्या थी–हताश, निराश, टूटे, कुचले आश्रयविहीन तथा आलम्बन विहीन भारतीय हिन्दू जाति को निराशा एवं हताशा से मुक्त करके, उन्हें सर्वथा लोकहित के रक्षक का सुदृढ़ आश्रय प्रदान करने वाले भगवान श्रीराम के साथ जोड़ना। सम्पूर्ण आस्था तथा पूरे विश्वास के साथ तुलसी के राम वह सब कुछ थे, जो तुलसी को अभीष्ट था। तुलसी ने श्रीराम की लीला रचना में उनकी परम्परा की चारित्रिक भव्यता को नष्ट नहीं किया वरन् उसे और भी सुकर एवं ग्राह्य बनाया फिर भी, वह वही सब कुछ नहीं है–लोक रक्षण के लिए संशयविहीन अमिट भगवदाश्रय की भारतीयों में स्थापना, उनका मुख्य लक्ष्य था और इसके लिए आधार थे, भगवान श्रीराम। तुलसी एवं वाल्मीकि के श्रीराम की अवधारणाओं की भिन्नता का केन्द्रीय आधार यही है।

श्रीरामचरितमानसकार तुलसी की सबसे बड़ी विशेषता यह थी कि उन्होंने मनुष्य, पशु, पक्षी, वानर, भालु, राक्षस सभी को रामाश्रय से जोड़कर न केवल श्रीराम के भागवत स्वरूप का विस्तार किया अपितु व्यापक लोकाश्रय के आधार का साक्ष्य भी बनाया। तुलसी ने अपने मन के विश्वास तथा अपनी गहन श्रीराम आस्था को लोक से जोड़ने की चेष्टा की। इस जोड़ने में कथा नायक श्रीराम पीछे हो जाते हैं और वे आगे आगे आ जाते हैं, लोकरक्षक भगवान श्रीराम। वाल्मीकि के राम सम्पूर्ण कथा पर्यन्त लोक नायक राम ही बने रहते हैं।

तुलसी लोकनायक राम के मिथक को तोड़कर उन्हें लोक रक्षक भगवान श्रीराम का वह स्वरूप प्रदान करते हैं–जो उनकी आस्था, आशा, विश्वास,

प्रीति, प्रतीति, संसक्ति, प्रेम से जुड़कर उठते-बैठते, सोते-जागते सदैव उनके साथ बिम्ब-प्रतिबिम्ब भाव से वर्तमान हैं। तुलसी के राम लोक के साथ होने वाले अन्याय, शोषण, हिंसा, अत्याचार, अनाचरण के क्षणों में सर्वत्र खड़े रहते हैं। अजामिल, गृद्ध, शबरी, गज, अंगद, विभीषण जैसे संकट भोगते लोक के साथ खड़े होकर वह उनके विश्वस्त परित्राणकारी बन जाते हैं। तुलसी के राम मध्यकालीन निराशा तथा हताश हिन्दू जाति के लिए सबसे बड़े संकटहर्त्ता साथी तथा स्वामी हैं।

राम के व्यक्तित्व के द्वारा तुलसी ने एक और भी महत्त्वपूर्ण कार्य किया है, वह है, समन्वय का। राम ब्रह्म हैं और ब्रह्म अखिल तत्त्व है और इस प्रकार उनकी असीमता समाज को अलगाती नहीं, जोड़ती है। वाल्मीकि के राम आदर्श पुरुष हैं और पत्नी के अपहरणकर्त्ता रावण का वध करके अपनी पत्नी को उसके बन्धन से मुक्त कराते हैं। लीलाधारी राम किसी का वध नहीं करते। वह अपहरण के पूर्व अपनी पत्नी को समझा देते हैं कि अब तुम अग्नि में निवास करो, एक छाया सीता बनती है, सीताहरण एक तरह से लीला है। रावण वध भी एक प्रकार की लीला है। सभी राक्षसों को पुत्रवत् आत्मीयतापूर्वक अपनी शक्ति में, आत्म तेज में, अपनी अहन्ता में सम्मिलित कर लेते हैं—वध तो केवल दिखावे के लिए हैं, युद्ध मात्र लीला है—सम्पूर्ण सृष्टि राममय है, वैरभाव भी भक्ति और आत्मीयता है—"**सब मम प्रिय सब मम उपजाये।**" जिन्हें अशुभ स्वीकार करते हैं, वे भी राममय हैं। उन्हीं राम से समन्वित हैं। लोक के समस्त प्राणिवर्ग में विरोध कैसा? यह केवल लौकिक लोकभाव है—अध्यात्मतः सब राममय हैं।

जीवन के विविध धर्म मार्ग-कर्म, ज्ञान, यज्ञ, तप आदि सभी श्रीराम की भक्ति से जुड़कर उनके अभिन्न धर्म हैं। तुलसी के पूर्व स्थित इन वैदिक मार्गों में परस्पर कोई विरोध नहीं है। सभी धर्म तत्त्व श्रीराम के प्रति समर्पित होकर श्रीराममय है। ज्ञान की सार्थकता प्रभु की प्रतीति में है—कर्म की सार्थकता प्रभु के समर्पण में है, यज्ञ एवं तप अन्ततया सब उन्हीं में समर्पित हैं। श्रीराम के स्वरूप की अखिलता सबको अपने में समेटे हुए है—और इसीलिए सभी उसमें अपनी सार्थकता प्राप्त करते हैं।

तुलसी लोक तथा अध्यात्म समन्वय द्वारा श्रीराम को एक विशिष्ट विराटता देना चाहते हैं। वाल्मीकि के राम केवल प्रतीक पुरुष मात्र हैं किन्तु तुलसी के राम क्या हैं? तुलसी स्वयं इसका उत्तर देते हुए कहते हैं—

राम अतर्क्य बुद्धि, मन बानी। अस हमार मत सुनहु भवानी॥

मानस के अन्तर्गत राम को सर्वप्रथम कश्यप-अदिति ने देखा था–

नील सरोरुह नील मनि नील नीरधर स्याम।
लाजित तन सोभा निरखि कोटि कोटि सत काम॥

एक दृष्टि से वह रूप नील कमल जैसा है, फिर मन नहीं अघाता वह सोचते हैं, अरे यह तो नील मणि जैसा श्याम है–अरे नहीं–श्यामल जलधर जैसा है–यदि वर्ण का निर्धारण हो जाए तो फिर व्यापक ब्रह्म कैसा?

श्रीराम के ब्रह्म रूप को पार्वती देखती हैं–आगे धर्नुधर राम, फिर सीता, फिर लक्ष्मण-पूरब, पश्चिम, उत्तर, दक्षिण, ऊपर-नीचे-दसों दिशाओं में चारों तरफ वही धर्नुधर-राम-लक्ष्मण एवं सीता। वे भ्रमित आँख मूँद कर बैठ जाती हैं।

प्रभु श्रीराम को कौसल्या देखती हैं–अद्‌भुत रूप, हार मानकर हाथ जोड़कर प्रार्थना करती हैं–पुत्रवत् रहो–राम शिशु रोदन ठान देते हैं।

इन राम को जिसकी जैसी भावना थी, उसने वैसा देखा। दशरथ, विश्वामित्र, जनक, सीता, जनकपुरवासी, अयोध्यावासी, दंडकारण्य के ऋषि-मुनि, शूर्पणखा, रावण आदि राक्षस, शिव, ब्रह्मा, विष्णु, वशिष्ठ, अहल्या, शबरी, भुशुंडि, भरत, लक्ष्मण, शत्रुघ्न आदि-आदि ने जैसा देखा, वैसा पाया। राम यही हैं, इतने ही हैं, इसको कोई न कह सका, न जान सका।

तुलसी राम को यह स्वरूप उनको रहस्यमयता प्रदान करने के लिए नहीं देते। वह अनन्त रहस्यमय अवश्य हैं–शंकालुओं ने एक बार सेंदह किया था–कौसल्या ने, उन्हें अपने निखिल ब्राह्मंडमय स्वरूप का दर्शन कराया–एक बार संदेह किया था–कागभुशुंडि ने उन्हें अपने जिस स्वरूप का दर्शन कराया वह इस प्रकार है–

लोक लोक प्रति भिन्न विधाता। भिन्न विष्णु शिव मनु दिसि त्राता॥
नर गंधर्व भूत बेताला। किंनर निसिचर पसु खग ब्याला॥
देव दनुज गन नाना जाती। सकल जीव तहँ आनहिं भाँती॥
महि सरि सागर सर गिरि नाना। सब प्रपंच तहँ आनइ आना॥

श्रीराम के उदर में जिन ब्रह्मांडों, ब्रह्मा, विष्णु एवं शिव समूहों को भुशुंडि ने देखा–वह आश्रित रूप ब्रह्मांड है। पृथ्वी की ही भाँति अनेकानेक आश्रित रूप ब्रह्मांड श्रीराम की अनन्तता से मंडित हैं। इन सबके नियन्ता श्रीराम के विषय में यह रहना कि पृथ्वी पर दशरथ-कौसल्या के पुत्र रूप में अवतरित श्रीराम मात्र इतने ही हैं–कवि ऐसी उक्तियों को हास्यास्पद मानता है। नट मंच पर अनेकों भूमिकाएँ करता है–किन्तु वह मूल व्यक्ति नहीं है।

जो कुछ भी सामने है, वह अभिनेता का व्यक्तित्व है—ठीक श्रीराम सभी समन्वयों से आच्छादित व्यवस्थित, समग्र सृष्टि को अपने में समेटे लोक के रक्षक, पिता तुल्य (सर्जक सदृश) आत्मीयता से प्रतिपल सबको समेटे हुए तथा सर्वथा ज्ञात भाव से समग्र लोक की हित चिन्ता के प्रति तत्पर हैं। वह जो निराश, आश्रयविहीन, मातृ-पितृविहीन तुलसी जैसे दुतकारे हुए जन हैं, श्रीराम उनके रक्षक तथा पालक हैं।

वाल्मीकि के श्रीराम केवल मानवीय दिव्यता के रूप राम हैं। वे आदर्श, त्याग, समाज रक्षा तथा लोक हितैषिता के प्रति पूर्णतया प्रतिबद्ध हैं—किन्तु उनकी सीमा मनुष्य की है। वे उनकी इस सीमा को मानवीय स्तर पर ही स्वीकारते हैं। जहाँ मानवीय दिव्यता की सीमा टूटती है, मानव के ऊपर संकट का क्षण आता है, तुलसी अपने राम की सम्भावनाओं को इतना व्यापक तथा आध्यात्मिक बना देते हैं ताकि केवल हम उन्हें वहाँ अतिशय आध्यात्मिक श्रद्धा, आध्यात्मिक राग, आध्यात्मिक अनुरक्ति भरी संसक्ति एवं आत्मीयता के सगे-स्नेह समबन्धों के आश्रय बनाकर माता, पिता, पुत्र, सखा, पत्नी, भाई, आराध्य देव सबके आधार-सम्बल के स्वरूप में देख सकें। तुलसी जैसा कवि लोक सम्बन्धों की तुच्छता देखकर अन्त में उन्हीं राम के ऊपर सम्बन्ध स्थापित करने का दायित्व छोड़ देता है—

मोहि तोहि बीच नाते अनेक मानिये जो भावै।

❑

11.

तुलसी की कालजयता और इतिहास-संकट

इतिहास या पुराकथा को सृजन का आधार बनाने वाला कवि केवल पुरागाथाओं का ही कथन मात्र नहीं करता। कथा भी साहित्य सृजन के लिए एक आधार है, उपयोगी माध्यम मात्र। इसलिए श्रेष्ठ कथा काव्यों के अध्ययन के सन्दर्भ में हमारे लिए यह देखना आवश्यक रहता है कि कवि अपनी किस सृजनगत कुशलता द्वारा इतिहास को अपने वर्तमान का अंश बना रहा है। अतीत का इतिहास कवि के वर्तमान या आगत भविष्य का रूप कैसे धारण करता है, यह कवि की सृजनगत कुशलता से निर्मित भाषिक सामर्थ्य का पक्ष है–जिसे हम आज पाठकीय समीक्षा (Criticism based on poetic text) के रूप में देखते हैं। कविता कवि के काव्य पाठ की सामर्थ्य से सम्बद्ध होकर युगों-युगों तक सजीव यात्रा करती रहती है, जिसे कहना चाहें तो कह सकते हैं, वह कभी मरती नहीं। इस प्रकार की श्रेष्ठ कृतियों को हम कालजयी कृति कहते हैं और इन कृतियों में मानव जाति सनातन काल से चली आती हुई अपनी वर्तमानकालिक समस्याओं का समाधान खोजने के प्रयास करती है। गोस्वामी तुलसीदास कृत श्रीरामचरितमानस अन्य सन्दर्भों के साथ-साथ सृजन की इस विचित्रतापूर्ण कुशलता से अपने को निरन्तर जोड़े हुए अपने कृतित्व की कालजयता का साक्ष्य प्रस्तुत करता है। तुलसी अपनी प्रतिभा सामर्थ्य से श्रीराम कथा के माध्यम से अपने अतीत, वर्तमान तथा आगत काल को उससे जोड़ने में निरन्तर तत्पर रहते हैं।

श्रीराम और रावण की कथा भारतीय परम्परा में एक आख्यान होते हुए भी धीरे-धीरे प्रतीकबद्ध होती गई। राम-रावण के साथ सदाचरण-दुराचरण, नैतिकता-अनैतिकता, पुण्य-पाप, अहिंसा-हिंसा आदि कितने प्रतीकों का सम्बन्ध बना, इससे सभी भलीभाँति परिचित हैं। वाल्मीकि इस सन्दर्भ को आर्ष मूल्यों के संरक्षण से जोड़ते हैं। आर्य तथा अनार्य जातियों के पारस्परिक सम्पर्क में आने पर आर्य मूल्यों के संरक्षण की मूल समस्या

सामने आई होगी और वाल्मीकि रामायण की रचना इसी उद्देश्य की पूर्ति के लिए की गई है। वाल्मीकि रामायण में निरन्तर ऋषि कर्म से जुड़े ऋषियों के साथ उनकी मन्त्रणाओं के सम्पर्क में रहते हुए उनके द्वारा स्वीकृत मान्यताओं का समर्थन है। वाल्मीकि के भी आचरण, व्यवहार, भाषा प्रयोग आदि में सर्वत्र आर्य धर्म छलकता रहता है, इसीलिए इन्हें ऋषि कवि कहा जाता है। उनके सृजन के लिए ब्रह्मा का वरदान था कि जब तक आर्य जाति इस पृथ्वी पर रहेगी–यह काव्य अमर रहेगा। गोस्वामी तुलसीदास जी ने उनके दो हजार वर्षों बाद श्रीरामचरितमानस की रचना की थी। उनके सामने दूसरी समस्या थी विदेशी आक्रमणकारियों का दबाव और उनका शासन जो आर्य धर्म के प्रति कोई निष्ठा नहीं रखते थे और इनके दबाव से भारतीय समाज टूट चुका था। भागवत माहात्म्य के अध्याय में 31 से 37 श्लोकों तक मध्यकालीन भारतीय समाज की दुर्दशा का जो चित्र खींचा गया है, वह निश्चित ही हमारे मनीषियों के लिए ग्लानि तथा लज्जा का विषय है–

आश्रमा यवनै रुद्धास्तीर्थानि सरितस्तथा।
देवतायतनान्यत्र दुष्टैर्नष्टानि भूरिशः॥
न योगी नैव सिद्धो वा न ज्ञानी सत्क्रियो नरः।
कलिदावानलेनाद्य साधनं भस्मतां गतम्॥

महात्माओं के आश्रम, तीर्थ और नदियों पर यवनों का अधिकार हो गया है, उन दुष्टों ने अनेक देवालयों को नष्ट कर दिया है।

इस समय यहाँ न कोई योगी है, न सिद्ध है, न ज्ञानी है और न सत्कर्म करने वाला है और सम्पूर्ण धर्म साधन कलियुग में जलकर नष्ट हो गए हैं।[5]

जीवकोपार्जन की दृष्टि से देश की दुर्दशा हो चुकी थी–

अट्टशूलाजनपदाः शिवशूला द्विजातयः।
कामिन्यः केशशूलिन्यः सम्भवन्ति कलाविह॥

देशवासी बाजारों में अन्न बेचकर (अट्ट = अन्न, शूल = विक्रय), ब्राह्मण आदि वेद बेंचकर (उससे धन लेकर) पैसा लेकर तथा युवतियाँ तथा

5. भागवत पुराण माहात्म्य, गीताप्रेस, पृ० 4

स्त्रियाँ शरीर बेंचकर वेश्यावृत्ति का जीवन निर्वाह कर रहीं थीं।

वर्ण तथा आश्रम व्यवस्था दोनों नष्ट हो चुकी थीं। गोस्वामी तुलसीदास ऐसे युग में उत्पन्न हुए थे। वाल्मीकि की चिन्ता यदि आर्य मूल्यों की संरक्षा की थी, तो तुलसी की चिन्ता उनसे कहीं अधिक गम्भीर थी। तुलसी के युग में आश्रम एवं वर्ण संस्कृति पूरी तरह से नष्ट हो चुकी थी उनके सामने मूल समस्या आर्य संस्कृति को जीवित करने तथा भारतीयों को उससे जोड़ने की थी। सम्पूर्ण भक्ति आन्दोलन का तात्पर्य भी यही था कि अब जाति, वर्ण एवं आश्रम का विचार छोड़कर सबको भक्ति से जोड़ो और परम्परित भारतीय आध्यात्मिकता के संस्कार से सबको मंडित करो। ब्राह्मण, क्षत्रिय, वैश्य, शूद्र, वेश्या, विधर्मी, निषाद, कोल, किरात, नपुंसक, वृहन्नलाएँ, यवन, आभीर, खस, स्वपच, नारी, पुरुष, पशु, पक्षी जो भी संसर्ग में आए, उन्हें भक्ति से जोड़कर भारतीय आर्य मूल्यों से सम्पृक्त करें। वाल्मीकि की समस्या आर्य धर्म बचाने की थी, तुलसी की समस्या प्राचीन भारतीय आध्यात्मिक मानवीय मूल्यों से मानव जाति को सम्पृक्त करने की थी। वाल्मीकि एवं तुलसी अपनी प्रतिबद्धता के प्रति भिन्न रूपों में जुड़े हैं–किन्तु दोनों के मूल में भारतीय संस्कृति की महत्तम श्रेष्ठता के प्रति आस्था एवं आदरभाव वर्तमान है और वे पूरे समाज को उसी से मंडित देखना चाहते हैं। गोस्वामी तुलसीदास अपने युग के इस लोक संकट का विस्तृत, स्पष्ट एवं खुला हुआ वर्णन कवितावली, दोहावली एवं विनयपत्रिका में करते हैं। अयोध्या जैसी पवित्र श्रीराम की नगरी में कलियुग का घटित होना–मानस कथा से सम्बद्ध इसी अवधारणा का उदाहरण है। मध्यकाल के तीनों श्रेष्ठ नगर–काशी, अयोध्या एवं उज्जयिनी तुलसी की दृष्टि से नैतिक पतन की पराकाष्ठा पर पहुँच चुके थे। पारम्परिक शास्त्र, पारम्परिक शिक्षा, पारम्परिक भारतीय आध्यात्मिक मूल्य सभी कुछ इस कालखण्ड तक समाप्त हो चुके थे। इस व्यवस्था और इन समस्याओं के बीच तुलसी श्रीरामचरितमानस के सृजन संकल्प द्वारा उन्हें पुनः जीवित तथा पुनर्प्रतिष्ठित करने का व्रत लेते हैं। तुलसी के मानस के सृजन का संकल्प वाल्मीकि के सृजन संकल्प से किसी भी प्रकार न्यून अथवा मूल्यहीन नहीं है। ब्राह्मण, क्षत्रिय, वैश्य, शूद्र जैसी नष्ट होती व्यवस्था, सामन्त तथा प्रजा के बीच सर्वस्व लूटने वाले डकैत तथा निरीह लूटी जाने वाली प्रजा का असह्य संकट, निम्न वर्ग तथा मध्यम वर्ग की आजीविका के साधनों की समाप्ति, बेगारी तथा बेसहारापन से ग्रस्त समुदाय की पीड़ा ही तुलसी के संकट के सन्दर्भ थे। जैसा कि कहा जा चुका है, गुरुकुलों का विनाश, तीर्थ, नदियों एवं मन्दिरों पर दबाव, ज्ञानी, विरागी, संन्यासी ऋषि वर्ग का लोप आदि की

क्षरण-पीड़ा से प्रभावित तुलसी मानस लिखने का प्रयत्न करते हैं ताकि समाज में उन सबकी पुनर्प्रतिष्ठा करा सकें।

रावण का अत्याचार बढ़ रहा था, गन्धर्व नगरी, देवनगरी, कुबेर नगरी सभी उजड़ चुके थे। असहाय पृथ्वी बेचारी दर-दर रक्षा के लिए भटकने के अतिरिक्त और क्या कर सकती थी? रावण के सदृश एक आतंकवादी राज्य था जो राजनीति के साम, दाम, भेद के स्थान पर केवल 'दण्ड' का आश्रय लेता था। यहाँ तुलसी के पाठ को देखें–

जेहिं विधि होइ धरम निरमूला। सो सब करहिं वेद प्रतिकूला॥
जेहिं जेहिं देस धेनु द्विज पावहिं। नगर गाउँ पुर आगि लगावहिं॥
मानहिं मातु पिता नहिं देवा। साधुन्ह सन करवावहिं सेवा॥

इस सम्पूर्ण सन्दर्भ के साथ वे एक वाक्य जोड़ देते हैं–

जाके ये आचरन भवानी। ते जानहु निसिचर सम प्रानी॥

अर्थात्, यदि वह प्राणी मानव हो तो भी, यदि धर्म का विनाश कर रहा हो, वेद के प्रतिकूल मूल्यों को स्थापित कर रहा हो, कृषि तथा आध्यात्मिक संस्कृति-प्रतीक गायों तथा ब्राह्मणों का वध कर रहा हो–मानव सभ्यता के विनाश से जुड़े-पुरवों, गाँवों एवं नगरों में आग लगाकर जनजीवन को आतंकित एवं विनष्ट कर रहा हो तो वह गजनी, गोरी, चंगेज खाँ–जैसा रावण नहीं तो और क्या है?

तुलसी का पाठ ऐसे स्थलों पर देश तथा काल की सम्भावनाओं को तोड़कर भविष्य के लिए एक पारदर्शी सत्य जैसा गढ़ देता है कि इससे मुक्ति के लिए उपाय की तलाश करना सम्भव नहीं है। उनकी प्रतिबद्ध कविता का एक महत्वपूर्ण लक्ष्य है–इतिहास को तोड़कर उसे अपने वर्तमान से जोड़ना। कवि मानस में बराबर इस प्रकार का प्रयोग करके इतिहास को तोड़ता ही नहीं वरन् उसे वर्तमान और भविष्य का अंग भी बना देता है।

रामचरितमानस के काव्य सृजन की एक विशेष शैली है, कवि घटना का वर्णन पूरी सुविधा से करता है–करता जाता है–और बाद में उस वर्णन का निष्कर्ष निकाल कर उसका सामान्यीकरण या सैद्धान्तीकरण कर देता है। यह सैद्धान्तीकरण सम्पूर्ण प्रसंगों से अलग होकर तथा एक नया अर्थ देकर कृति को सम्पूर्णता प्रदान कर देता है। कविता का पाठ ऐसे सन्दर्भ में देशकाल से

मुक्त हो उठता है। लंका में भीषण युद्ध हो रहा है, राम-रावण युद्ध की भयंकरता के बाद रावण का वध होता है और कवि यहाँ लोक के लिए एक दृष्टान्तपरक टिप्पणी जोड़ देता है–

अहह नाथ रघुनाथ सम कृपासिन्धु नहिं आन।
जोगि वृन्द दुर्लभ गति सोइ दीन्ह भगवान॥

प्रभु के संसर्ग से अधम राक्षस भी 'योगिजन दुर्लभ गति' को प्राप्त हो उठा, यह प्रभु श्रीराम की कृपा है। यह लोक के लिए संकेत है, इतने पर भी तो राम से जुड़ो और देखो! रावण को राम ने पुत्रवत् अपने में समाविष्ट कर लिया।

गोस्वामी तुलसीदास मानस भर में अपनी टिप्पणियाँ देते हैं। वे कलियुग की अधमता का वर्णन करते हैं। इतिहास के सन्दर्भ को अपने युग से जोड़ने में लेशमात्र भी संकोच नहीं करते। अतीत और वर्तमान यहाँ एकमय हो जाते हैं–

बादहिं सूद्र द्विजन्ह सन हम तुम्ह ते कछु घाटि।
जानइ ब्रह्म सो विप्रवर आँखि देखावहिं डाटि॥

अपने युग के निर्गुण पंथियों को कलियुग वर्णन प्रसंग से जोड़कर उन पर कितनी गहरी टिप्पणी करते हैं।

गोस्वामी तुलसीदास निरन्तर अपने भाषिक पाठ के माध्यम से इतिहास को अपने वर्तमान तथा अतीत से जोड़ते चलते हैं। इसलिए कि आध्यात्मिक संकट में डूबे तथा अज्ञान के अंधकार में खोए हुए जन अपने अतीत और इतिहास के गौरव से सही-सही एक बार पुनः तादात्म्य स्थापित करें।

गोस्वामी तुलसीदास के सृजन का यह मन्तव्य निश्चित ही उनके लेखन को ऊपर ले जाता है–कालजयता की ओर।

गोस्वामी तुलसीदास अपने युग के अगाध पंडित एवं ज्ञानी थे। मधुसूदन सरस्वती जैसे अद्वैतवेदान्त के ज्ञानी जन उनकी सराहना करते हैं। विनयपत्रिका जैसी तुलसी की कृति अद्वैतवेदान्त के ब्रह्मवाद एवं विज्ञानवादी बौद्धों के 'चिद्वाद' के समानान्तर है। वे श्रीरामचरितमानस में अपने युग की समग्र ज्ञानधाराओं का अंकन करते हैं–किन्तु उसकी सृजनभूमि को जिस सामान्य लोक से जोड़ते हैं–वह उनके लोकावदान का सबसे बड़ा हेतु है–

लोकजन के लिए राम और राम के लिए लोकजन–श्रीरामचरितमानस का यह सूत्रवाक्य है। रामकथा को लेकर ज्ञान-विज्ञान, ज्योतिष, गणित आदि के पांडित्य भरे कितने ग्रन्थ हैं–स्वयं तुलसी के शब्दों में **रामकथा कै मिति जग नाहीं** किन्तु तुलसीदास राम से लोक को जोड़ने के लिए श्रीरामचरित-मानस की रचना करते हैं। उनके सृजन का उद्देश्य लोक को श्रीराम से जोड़ना है– और यही उनकी अपनी प्रतिबद्धता है। श्रीरामकथा का वाचन एवं रामलीला का श्रीगणेश भारत में तुलसीदास द्वारा शुरू किया गया था और इसमें उन्हें भरपूर सफलता मिली। लोक राम से जुड़ा और राम लोक से जुड़े। इसके लिए तुलसी ने दो तत्त्वों का सर्वाधिक उपयोगी आधार ग्रहण किया–प्रथम, 'नाम' का और द्वितीय 'रूप' का। नाम अर्थात् 'राम' राम अर्थात् रा तथा म और मानस की प्रस्तावना में वे 'रा' 'म' वर्णों के समन्वय अद्वैत वेदान्त-विशिष्टाद्वैत सम्मत आदि कितने रूपों में बताकर उन शब्दों का आध्यात्मीकरण करके फिर उससे 'नाम-रूप' को जोड़ते हैं। नामाधीन रूप और रूपाधीन नाम-राम शब्द और श्यामल-कोमलवपु राम विविध रूपधारी, विविध वेषधारी, विविध कर्मों के योजक और फिर उन सबसे भिन्न–फिर इसी नाम तथा रूप के आचरण से जुड़ी श्रीराम कथा। श्रीराम का नाम, श्रीराम का रूप तथा उनका आचरण (श्रीराम कथा) मानस इतना ही है। यही इसकी सीमा है। तुलसी जिस भारतीय समाज (लोक) को श्रीराम से जोड़ रहे हैं–वह 'नाम' जानता है, रूप जानता है–रामकथा जानता है। श्रीराम की इतनी सामान्य अवधारणाओं के साथ तुलसी श्रीराम तथा लोक को एक करते हैं। ज्ञातव्य है–अपनी भारतीय संस्कृति की अस्मिता से जोड़ने के लिए वे–न सांख्य, योग, वैशेषिक, मीमांसा, वेदान्त, बौद्ध, जैन, शक्ति आदि का उपयोग करते हैं और न गणित, ज्योतिष, धर्मशास्त्र, स्मृति-पुराण, गीता, ब्रह्मसूत्र, उपनिषद् एवं ब्राह्मण ग्रन्थों का। वे लोक को श्रीराम से जोड़ने के लिए उनके नाम 'राम', उनके रूप तथा उनकी लीलाकथा से सम्पृक्त करते हैं। नितान्त सहज, नितान्त सरल, चित्त से आत्मसात् करने वाले अति सहज ग्राह्य तथा स्वीकार्य सन्दर्भों का प्रणयन है। वे ऐसा क्यों करते हैं? तुलसी स्वयं इसका उत्तर देते हैं–राम ने क्या किया, कौन जाने किन्तु नाम ने जो किया है-- उसे सभी जानते हैं।

नाम ने कोटि खलों का उद्धार किया, कितने भक्तों के दोष, दु:ख, दारिद्र्य-पीड़ा का संकट दूर किया आदि-आदि। नाम तथा रूप की तुलना में भक्ति आन्दोलन को नाम अधिक प्रिय है–कारण? भक्ति एक जनान्दोलन है– जिसका मुख्य लक्ष्य है, हजारों वर्षों से नष्ट भारतीय आध्यात्मिक संस्कृति की

वापसी, भारतीय अस्मिता की पुनर्प्रतिष्ठा। तुलसी की कवितावली के साक्ष्य के अनुसार समाज में न ज्ञानी हैं, न पंडित, न शास्त्रज्ञाता हैं और न धर्मज्ञ। समूचा समाज अशिक्षा के अज्ञान में डूबा है—और ऐसे समाज के लिए 'रामनाम' के स्मरण के अतिरिक्त और कुछ भी आलम्बन शेष नहीं था। आचार्य वल्लभ, चैतन्य महाप्रभु एवं तुलसीदास भक्तिकाल के ये तीनों महानायक सम्पूर्ण अशिक्षित समाज की जागृत हरे राम, हे राम! रक्षा करें। 'हरे कृष्ण' (हे कृष्ण रक्षा करें) के अतिरिक्त सर्वाधिक सहज, सर्वाधिक ग्राह्य अन्य किसी शास्त्रग्रन्थ का उपयोग नहीं करते।

दूसरे स्तर पर रूप की स्थिति आती है। वर्ण की दृष्टि से श्यामल रूप है, चतुर्भुज शरीर अनन्त सूर्यों की प्रभा से मंडित शरीर—पुराणों में इसकी बराबर चर्चा है। तुलसी ऐसी रामकथा को चुनते हैं—जहाँ रामरूप की कोई सीमा नहीं है। ब्रह्म की सीमा क्या है? वह तो असीम एवं निराकार है क्योंकि भक्तों के समक्ष जिस आत्मविलास भरी लीला के साथ प्रकट होगा—वह उतना ही है, यह नहीं कहा जा सकता। राम तथा कृष्ण अपने लीला रूप में जितने अवतरित हुए उतने भर हैं—नहीं—उसके बाद क्या है? कोई नहीं जानता। मनु-शतरूपा ने ब्रह्मराम को देखा—केवल 'नीलवर्णमय' उसके बाद कौसल्या ने देखा—कोटि-कोटि ब्रह्माण्डों से मंडित। विश्वामित्र, जनक पुरवासी, नृपगण सीता तथा उनके परिवार के जन अपनी तरह से देखते हैं।

जाकी रही भावना जैसी। प्रभु मूरति देखी तिन तैसी॥

राम को सबने देखा, अपनी सीमा-सामर्थ्य-रुचि, स्वभाव, भावना के अनुसार। तुलसी इन 'राम' को लोक के लिए लीला के रूप में दिखाते हैं—कहते हैं—यही राम हैं। लोक के बालक, वृन्द, युवा-वृद्ध, सभी जातियों एवं वर्णों के लोग राम को देखते हैं—लीला के रूप में। कीर्तन द्वारा नाम में देखो एवं लीला द्वारा रूप एवं उनकी क्रिया-लीला को देखो—और यह भी न समझो कि 'राम' इतने ही हैं—किन्तु जितना देखो, उसे समझो कि यही राम हैं।

श्रीरामचरितमानस के मध्यकालीन अशिक्षा से आक्रान्त लोक के लिए सबसे बड़ा योगदान है, नाम तथा रूप एवं क्रिया लीला द्वारा राम से सम्बद्ध कर देना। राम का अर्थ है—भारतीय संस्कृति का प्रतीक रूप धर्म और आज तक भारतीय समाज किसी-न-किसी रूप में 'राम' से जुड़ा है। राम और लोक जीवन के बीच मंगल, सदाचरण, नैतिकता तथा भारतीय अस्मिता के

अटूट सम्बन्ध को जोड़ना गोस्वामी तुलसीदास की सृजन सार्थकता का सबसे बड़ा प्रमाण है।

तुलसी का अर्थ तथा काव्यपाठ सन्दर्भ एक ओर जहाँ राक्षसों (विधर्मियों) को त्यागने के लिए विवश करता है, वहीं दूसरी ओर हम भारतीयों को अपनी प्राचीन आध्यात्मिक मानवीय परम्परा से जुड़ने के लिए भी विवश करता है। राक्षस वर्ग से लोक को तोड़ना एवं राम के प्रति परस्पर समन्वित होकर, विरोधों का परित्याग कर सभी को एक साथ मिलकर आगे आने के लिए प्रतिबद्धता उनकी रचना का मूल मन्तव्य है। उनकी इस लोक प्रतिबद्धता को समन्वयवाद के नाम से पुकारा गया है।

गोस्वामी तुलसीदास के समन्वयवाद की अनेक रूपों में चर्चा की गई है। विदेशी विद्वानों ने भी उनके वर्ण एवं आश्रम व्यवस्था के अवशेषों को मिलाकर भारतीयता का रूप देने की चेष्टा की प्रशंसा की है। राक्षस कर्म से राक्षस है–राम की शरण में आने पर वह राममय हो उठता है। ये राक्षस वैरभाव से भी राम से जुड़ते हैं, प्रेम भाव से भी। आभीर, यवन, किरात, खस, स्वपच, वेश्याएँ, नपुंसक (हिंजड़े), निषाद, कोल, किरात, ब्राह्मण, क्षत्रिय, वैश्य, शूद्र, देव, गन्धर्व, दनुज, ऋषि, मुनि, सिद्ध, तपस्वी, योगी सभी श्रीराम के सम्पर्क में मुक्ति प्राप्त करते हैं। तुलसी कहते हैं कि–**'सब मम प्रिय सब मम उपजाए। सबते अधिक मनुज मोहिं भाए॥'** और इस नाते भालु, वानर, वनस्पति एवं सरोवर एवं तड़ाग सभी श्रीराम से अभिन्न हैं। मध्यकाल के पूर्व प्रचलित सांख्य, वैशेषिक, बौद्ध, जैन, मीमांसा दर्शन द्वैत तथा अद्वैत भाव के प्रचिलत समस्त रूपों के बीच कहीं उनका कोई विरोध नहीं है। तुलसी स्वयं अपने विषय में भी यह कहते हैं–

'निज प्रभुमय देखहिं जगत केहिं सन कौन विरोध'

प्रचलित टूटी हुई सामाजिक व्यवस्था, धार्मिक क्षरण, दार्शनिक वितंडावाद एवं नाना प्रकार के लोक प्रचलित मतवादों को तुलसी जोड़कर एक करते हैं और इस प्रकार, तुलसी के समन्वयवाद के दो पक्ष हैं–प्रथम है परम्परा को जोड़ना और दूसरा उसे जोड़कर वर्तमान या भविष्य के लिए आदर्शमय मार्ग प्रशस्त करना। श्रीरामचरितमानस का समन्वयवाद कई दृष्टियों से विख्यात है। वे जब नानापुराण निगमागम सम्मतं की बात करते हैं तो भारत की अतीतमयी गौरवगाथा को एक मंच पर लाने की चेष्टा करते दिखाई पड़ते हैं क्योंकि इसके लिए श्रीरामचरितमानस उनका सबसे बड़ा मंच है।

तुलसी का समन्वयवाद केवल भारतीय जनता या जन समाज को टूटने से बचाना मात्र नहीं है। उसके तीन पक्ष हैं–(1) अतीत भारतीय अस्मिता का अवतरण (2) अपने समय के समाज को उससे ज़ोड़कर तद्वत् स्थापित करना (3) आगत भविष्य के लिए भारतीयता का अस्मितामय मार्ग तैयार करना। तुलसी का समन्वयवाद केवल एक इतिहास की वस्तु मात्र नहीं है। इतिहास को अपने युग के वर्तमान से जोड़कर आगे आने वाले दिनों के लिए सुखद स्वप्न भी देखना है। गोस्वामी तुलसीदास ने केवल रामचरितमानस की एतदर्थ रचना ही नहीं की वरन् स्थल-स्थल पर श्रीराम तथा हनुमान की संकट मोचनमयी मूर्तियों की स्थापना, श्रीरामचरितमानस की कथा का लोक में वाचन–साप्ताहिक रामायण यज्ञ तथा नगरों, गाँवों एवं पुरवों में श्रीराम के अभिनय दृश्यों की प्रस्तुति का भी कार्य सम्पादित किया एवं कराया। तुलसी राम के माध्यम से लोक जागरण चाहते थे और उनके ये सम्पूर्ण कार्य लोक जागरण हैं।

गोस्वामी तुलसीदास के इस लोक जागरण मूलमंत्र का अभीष्ट भी विचारणीय है। उस युग के लिए सबसे बड़ा खतरा था–विदेशी संस्कृति तथा सत्ता का दबाव। उस सत्ता के विरुद्ध वे 'राम की सत्ता' इस रूप में स्थापित करना चाहते थे, जहाँ जनमानस एकचित्त होकर यह समझे कि 'श्रीराम की सत्ता' ही सर्वोपरि है। रामलीला का समापन 'राक्षस' वध के बाद 'राम-राज्याभिषेक' से होता है और उस राजगद्दी पर बैठे, श्रीराम-सीता के सामने 'हिन्दू जनमानस' किसी भी लोकसत्ताधारी की सत्ता स्वीकार नहीं कर सकता। अपनी विलुप्त संस्कृति के प्रति आत्ममोह तथा लोक में उसकी पुनर्प्रतिष्ठा ही नहीं–भविष्य में लोकजीवन के निर्वाह का वह आधार भी बन सके, इसलिए तुलसी व्याप्त समस्त-विरोधों को श्रीराममंच पर ले आकर उन्हें एकमेव करते हैं–

वेद पुरान बिहाइ सुपंथ कुमारग कोटि कुचाल चली है।
काल कराल नृपाल कृपाल न राज समाज बड़ोई छली है।
वर्न विभाग न आश्रम धर्म दुनी दुख दोष दरिद्र दली है।
स्वारथ को परमारथ को कलि राम को नाम प्रताप बली है।

श्रीराम के नाम, रूप एवं उनकी आचरण-लीला के अध्ययन से मध्यकाल की टूटी हुई जनता को जोड़ना–तुलसी का सबसे बड़ा आदर्श है और तुलसी का 'राम' शब्द केवल प्रभु श्रीराम ब्रह्म का प्रतीक मात्र न होकर मध्यकाल के लिए लोकरक्षक मूल्य का भी प्रतीक बन जाता है। इस प्रकार, गोस्वामी

तुलसीदास समग्र भारतीय समाज को श्रीराम के नाम रूप एवं आचरण से जोड़कर अपने युग को भीषण आतंक एवं अत्याचार से ही मुक्त नहीं कराते अपितु आने वाले युग के लिए भी अपनी भारतीय संस्कृति की महनीय मूल्यवत्ता के आदर्श की भी स्थापना करते हैं।

❑